U0803994

中电联电力发展研究院

MIANDIAN DIANLI GONGCHENG
ZAOJIA GUANLI YANJIU

缅甸电力工程造价管理研究

主　编　董士波
副主编　吴宝英　李东伟

中国电力出版社
CHINA ELECTRIC POWER PRESS

内 容 提 要

为了解和掌握国外典型工程造价管理方法及国际惯例，准确把握国际工程造价管理的发展方向和趋势，推动电力企业“走出去”，中电联电力发展研究院组织相关专家编写了《缅甸电力工程造价管理研究》。

本书结合缅甸电力工业的实践和发展情况，全面介绍了电力工程建设的投资环境、电力工业现状及工程建设市场基本情况、工程建设相关法律法规与政策、电力建设工程计价方法研究、电力工程投资造价风险及应对策略等内容。

本书可供电力工程建设行业及政府部门、行业协会和企业的领导，以及业主、承包商、监理单位、设计单位和第三方咨询机构等相关专业人士使用，并可作为全国电力工程造价管理、工程管理及项目管理等专业博士、硕士研究生的参考用书。

图书在版编目（CIP）数据

缅甸电力工程造价管理研究／董士波主编．—北京：中国电力出版社，2020.10
ISBN 978-7-5198-4956-6

Ⅰ．①缅…　Ⅱ．①董…　Ⅲ．①电力工程–工程造价–研究–缅甸　Ⅳ．①F433.766

中国版本图书馆 CIP 数据核字（2020）第 173402 号

出版发行：中国电力出版社
地　　址：北京市东城区北京站西街 19 号（邮政编码 100005）
网　　址：http://www.cepp.sgcc.com.cn
责任编辑：张　瑶（010-63412503）
责任校对：黄　蓓　李　楠
装帧设计：张俊霞
责任印制：石　雷

印　　刷：三河市百盛印装有限公司
版　　次：2020 年 10 月第一版
印　　次：2020 年 10 月北京第一次印刷
开　　本：787 毫米×1092 毫米　16 开本
印　　张：5.25
字　　数：73 千字
印　　数：0001—1500 册
定　　价：21.00 元

本 书 编 审 人 员

主　　编　董士波

副 主 编　吴宝英　李东伟

主　　审　赵晓芳　邢淑琴　孔　亮　朱　蕾

　　　　　陈冠多　王振宇

参编人员　吴良峥　黄育平　王红晋　樊晓伟

　　　　　康　朋　郭永成

前言

改革开放以来，电力行业大力实施“走出去”国际发展战略，深化落实“一带一路”倡议，积极进行国际电力投资和工程项目承包，国际合作规模不断扩大。随着电力投资、服务、装备、技术、标准“走出去”持续升温，我国电力企业拓展海外业务步伐持续加大，以电力工程建设为引领，投资范围涵盖水电、火电、核电、风电、太阳能发电及输变电等领域，涉及电力规划、建设、运营等全产业链。在此过程中，积极研究项目所在国电力工程造价管理体系及标准等，提出投资风险应对策略，将为海外电力工程项目顺利实施提供保障，为持续推动电力企业国际化发展提供有力支撑。同时，也可助力我国电力企业更好地了解国外典型工程造价管理方法及国际惯例，准确把握国际工程造价管理的发展方向和趋势。

中缅关系长期稳定、世代友好。缅甸作为“一带一路”经济走廊在东南亚地区的战略支点，已经成为中国企业海外投资和承揽工程项目的重要目的地之一。本书根据缅甸电力工业的实践和发展进行编写，共分 5 章，主要内容涵盖了电力工程建设的投资环境、电力工业现状及工程建设市场基本情况、工程建设相关法律法规与政策、电力建设工程计价方法研究、电力工程投资造价风险及应对策略等。

在本书编写过程中，查阅和检索了大量与缅甸电力工程造价管理相关的信息和资料，从内容到形式都进行了反复的调查和研究，力求以严谨的态度、翔实的数据和真实的案例，介绍缅甸电力工程造价管理及相关情况。

本书可供从事海外电力工程项目投资决策与工程造价管理的相关企业及人员参考和借鉴。希望本书能够成为中国企业了解海外电力市场和工程造价管理的窗口，同时期待业界同仁和广大读者多提宝贵意见和建议，为提升我国电力企业“走出去”的能力和水平发挥更大的作用。

中电联电力发展研究院编写组

2019 年 12 月于北京

目录

第一章 投资环境分析

缅甸联邦共和国（The Republic of the Union of Myanmar，简称缅甸）位于中南半岛西侧，首都为内比都。缅甸是东南亚土地面积最大的国家，其森林覆盖率达到 48%，拥有丰富的水资源与矿产资源。1948 年，缅甸脱离英联邦独立，成立缅甸联邦，1974 年改称缅甸联邦社会主义共和国。1988 年，国防部长为首的军人接管政权，成立“国家恢复法律和秩序委员会”，改国名为“缅甸联邦”。2008 年 5 月，缅甸联邦共和国新宪法获得通过，规定实行总统制。缅甸于 2010 年 11 月缅甸举行多党民主制全国大选。2011 年 1 月 31 日，缅甸联邦议会召开首次会议，正式将国名改为“缅甸联邦共和国”。缅甸经济发展相对落后，工业基础薄弱是以农业为主的国家，农业人口超过 60%。

随着缅甸经济的快速发展，投资环境不断得到改善，在地理区位、自然资源、社会文化及政策制度等方面具有明显的优势。本章简要介绍了缅甸投资环境，较为详细地阐述了缅甸的地理环境、社会文化环境和经济环境，本章的整体章节结构如图 1－1 所示。

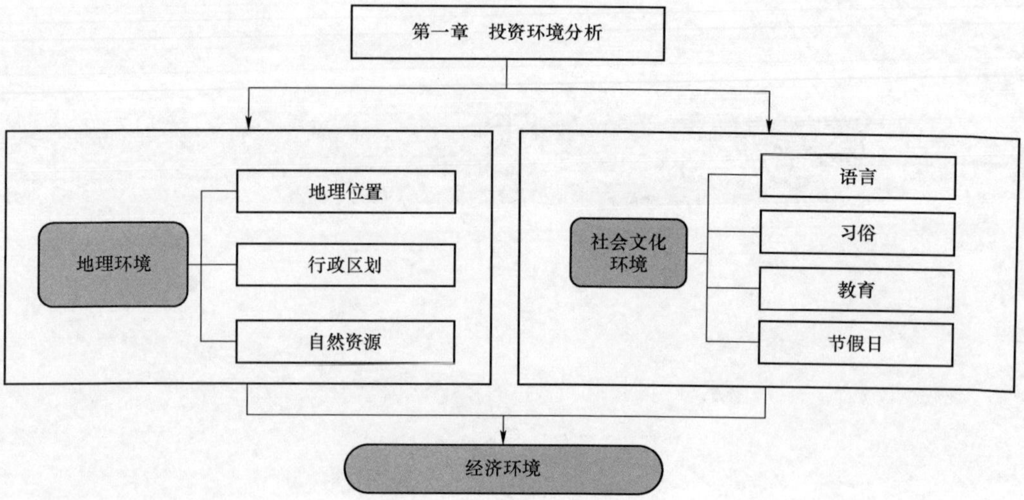

图 1-1 第一章结构

第一节 地 理 环 境

一、地理位置

缅甸东北部与中国毗邻，东南部与老挝和泰国相连，西南濒临印度洋的孟加拉湾和安达曼海，西北部与孟加拉国和印度接壤。

缅甸地形比较复杂，喜马拉雅山的余脉在其境内，北部的平均海拔在3000m以上，其国土的东、北、西三面均为高山和高原，中部为比较宽广的平原。缅甸境内的山脉也大致可以分为三条平行线，但与中国不同的是它是南北延伸，它们分别是油麻山脉、勃固山脉和掸邦高原。东南亚最高峰位于缅甸，海拔约为5882m。缅甸也是典型的山河相间的国家，在这些山脉之间流淌着三个江河体系，主要是伊洛瓦底江、萨尔温江和锡唐河。其中伊洛瓦底江是该地区最大的河流，全长约 2200km，最终注入印度洋。缅甸位于东 6.5 区，格林尼治时间（Greenwich Mean Time，GMT）+06：30，比北京时间晚一个半小时，无夏令时。

二、行政区划

缅甸全国分为7个省、7个邦和2个中央直辖市。7个省分别为仰光、曼德勒、勃固、马圭、实皆、伊洛瓦底、德林达依；7个邦分别为掸邦、克钦邦、克耶邦、孟邦、克伦邦、钦邦、若开邦；2个直辖市为内比都和仰光。省是缅族主要聚居区，邦为各少数民族聚居地。

2005年11月，行政首都由仰光迁到内比都（Nay Pyi Taw），内比都南距仰光390km，北距古都曼德勒320km，属缅甸中部地区。内比都坐落在勃固山脉与本弄山脉之间锡唐河谷的狭长地带，北依山势，南望平川，战略地位重要。全市总面积2725mile^2，下辖彬马那县、达贡镇和雷威镇，人口约92万人。主要居民为缅族，另有掸、克钦、克伦、克耶、德努、勃朗、勃欧等少数民族杂居于此。

仰光是缅甸第一大经济中心，地处伊洛瓦底江三角洲东部，仰光河下游，距出海口 34km，地势低平，是缅甸最大城市，全国经济、文化、交通中心。仰光市下辖33个镇区，面积312mile^2，人口600万，其中华人华侨约20万。

三、自然资源

缅甸是东南亚面积第二大国家。在西部若开山脉与孟加拉湾之间的若开海区，有众多的小型岛屿，是缅甸重要的石油产区。中部伊洛瓦底三角洲是全国稻米生产中心，被称为亚洲粮仓，也是缅甸重要的现代工业中心区域。缅甸自然资源主要包括矿产资源、林业资源、水利资源、渔业和海洋资源等。

（一）矿产资源

缅甸的矿产资源种类繁多，数量巨大，有很大的开发价值。缅甸最负盛名的矿产是宝石和玉石，价值非常高，在缅甸的GDP中贡献很大，缅甸有6个主要成矿带：克耶邦西南部、德林达依省和掸邦西缘带的锡—钨矿带、掸邦、孟邦和克耶邦部分地区的锑矿带、掸邦西部的铅—锌—银—重晶石矿带、蒙育瓦的铜矿带、钦邦北部的镍—铬矿带和中部及伊洛瓦底江三角洲的油气带。矿产资源主要有锡、钨、锌、铝、锑、锰、金、银等，宝石和玉石在世界上享有盛誉。

缅甸投资委员会于 2017 年 4 月 10 日颁布第 15 号公告，禁止外商对中小型矿产勘探开采及可行性研究和中小型矿产加工冶炼进行投资。外商投资大型矿产的勘察、勘探和可行性研究则需经缅甸自然资源与环境保护部批准。

（二）石油与天然气

缅甸的沿海地区蕴藏着丰富的石油和天然气，开采价值大，主要分布在缅甸中部和沿海大陆架，石油开采有百余年历史。1853 年仁安羌油田的石油开始出口到欧洲。据亚洲开发银行能源评估报告，缅甸共有 104 个油气开采区块，其中内陆开采区块 53 个，近海开采区块 51 个。根据测量结果，约有 1.6 亿桶石油和 20.11 万亿 ft^3 天然气。截至 2018 年，缅甸探明天然气储量 1.2 万亿 m^3，储采比 66 年，油气产业是缅甸重要的支柱产业之一。缅甸国内天然气消费以发电为主，利用水平较低。该国天然气管道基础设施不完善限制了天然气的普及利用，生产的天然气主要作为创汇产品出口至中国和泰国。2017 年，外国企业在缅甸石油和天然气领域投资 154 个项目，投资额达 224 亿美元，占外商在缅甸投资的 32%，缅甸天然气出口额约占缅甸出口总额的 25%。中缅油气管道是中国第四大能源进口通道，其天然气、原油管道分别起始于缅甸皎漂与马德岛，经若开邦、曼德勒省和掸邦，从云南瑞丽进入中国。2013 年 7 月，中缅天然气管道投产；2017 年 4 月，中缅原油管道工程开始投运，推动中缅油气合作迈上新台阶。2018 年，缅甸新投产了 40 万 kW 燃气机组，还有一大批燃气发电项目处于规划之中，燃气发电也是今后缅甸最具用气潜力的领域。

在 2018～2019 财年，内陆油田原油生产量到达了 230 万桶，天然气生产到达了 190.19 亿 ft^3。而沿海油气田（外资企业）生产的原油为 102 万桶，天然气生产量为 6048.18 亿 ft^3，一年内原油总生产量为 332 万桶，天然气总产量为 6338.38 亿 ft^3。

（三）水利资源

缅甸国内河流密布，主要河流有伊洛瓦底江、萨尔温江、钦敦江和湄公河，支流遍布全国。伊洛瓦底江为缅甸第一大河，流域面积 43 万 km^2，水量充沛，水流平缓，从北向南依次流经克钦邦、曼德勒和仰光等六个省份，最后从仰光注入印度洋，全长 2200km，总落差 4768m，全河平均比降为 2.13‰，入海口平均流量为 13 600m^3/s。萨尔温江为缅甸第二大河，我国称怒江由云南芒市出境进入缅甸，在缅甸境内 1660km，流域面积约 20.5 万 km^2，经过掸邦、克耶邦、克伦邦和孟邦，最后由莫塔马湾归入印度洋。湄公河由西双版纳进入缅甸，主要流经缅甸掸邦与老挝、泰国的边境线。

缅甸利用水力发电潜力很大。根据缅甸的《国家电力发展规划》，缅甸全国水能资源可开发装机容量约 6000 万 kW，适宜建设大型水电站的地区主要集中在克钦邦、克伦邦、掸邦的伊洛瓦底江上游和萨尔温江流域，这些地方可以建设百万千瓦级别的水电站超过 15 座。

（四）气候条件

缅甸全国面积大部分属于热带季风气候，但也有小部分属于热带和亚热带。国土的大部分在北回归线以南，地处热带，小部分在北回归线以北，处于亚热带。环绕缅甸东、北、西三面的群山和高原宛如一道道屏障，阻挡了冬季亚洲大陆寒冷空气的南下，而南部由于没有山脉的阻挡，来自印度洋的暖湿气流可畅通无阻。缅甸生态环境良好，自然灾害较少。境内水量充沛，有许多小的河流网，这有利于植被的生长，故森林资源丰富。

第二节 社会文化环境

一、语言

缅甸国内主要流通缅语和英语两大语言。缅甸主要的语言包括缅、克钦、克耶、克伦、钦、孟、若开、掸等民族的语言。

二、习俗

缅甸当地的习俗较为丰富，具有当地民族特色。在饮食方面，缅甸人常用米粉、面条或炒饭作早点，也有喝咖啡、红茶和吃点心的。午餐和晚餐为正餐，以米饭为主食。菜肴特点为油多、带酸辣、味重。常用各种幼果、鲜菜嫩叶作小菜，蘸佐料吃。进餐时将米饭盛在盘子里，用手抓着吃。随着社会发展，用刀、叉、勺者逐渐增多。在服饰方面，缅族的服饰与中国云南傣族相似，不论男女下身都穿筒裙，统称“笼基”，男裙称“布椟”，女裙称“特敏”。男上衣为无领对襟长袖短外衣，女上衣为斜襟短外衣。每逢重要场合，男人多戴缅式礼帽，缅语称“岗包”，用细藤编胚、以粉红或浅黄色纱巾裹扎而成。缅甸妇女多留长发，挽发髻，戴鲜花，喜用“檀那伽”的香木浆涂在脸上，有清凉、防晒、护肤作用。缅甸人不分男女，不分场合均穿拖鞋，军人除外。

另外，缅甸人的名字只有名字，没有姓，但要在名字前加一冠称，以示性别、长幼和尊卑。因为缅甸大多数人信仰佛教，按缅甸佛教习惯，男子在成人前（一般从五六岁起），都要举行剃度仪式，进寺庙当一次和尚，时间可长可短，一般为一个星期，这样才算成人，在社会上才会受到尊敬。缅甸日常生活中忌讳抚摸小孩的头。小孩见到大人时，双手交叉胸前，表示对大人的尊敬。

三、教育

缅甸的劳动人口众多。教育发展和人才培养的问题是缅甸历届政府关注的重点和难点。缅甸教育发展程度落后，国民素质长期偏低，严重制约缅甸经济社会发展。能够满足外企要求的劳动者不足，当地技工的技能无法满足企业的用工需求。在缅甸的青少年中有许多人缺少正规的技工训练，而且外语能力不够，导致他们在工作时很难适应新的工作环境。缅甸实行小学义务教育制度，教育分为学前教育、基础教育（初等教育和中等教育）和高等教育。其中，学前教育包括日常托儿所和学前学校，招收3～5岁儿童，基础教育学制为11年，包括小学5年制、初中4年制和高中2年制。此外，缅甸也存在受教育存在地区差异的情况，在农村地区的居民远没有在城市居民受教育概率大，同时缅甸历来有学生参与政治运动的传统，1988 年军政府上台后大学生作为推动缅甸民主政治运动的重要力量，多次受到军人政权的打压，缅甸的大学经常被关闭。在缅甸，高等教育普及率较低。缅甸的教育发展程度居东南亚末位。国民受教育程度低、农业人口过多、经济管理和职业技能人才匮乏等严重制约了缅甸的转型发展。

四、节假日

缅甸的节假日包括法定节日和民间节日，缅甸政府部门实行每周五天工作制，周六和周日为公休日。

第三节 经 济 环 境

现阶段，缅甸的经济仍处于发展阶段，是东南亚地区最小的经济体之一。根据世界银行发布的数据，缅甸2013～2018年期间的GDP实际分别为500.27亿美元、540.29亿美元、578.11亿美元、612.21亿美元、653.85亿美元、694.39

亿美元。2013～2018 年 GDP 增长率分别是 8.4%、8.0%、7.0%、5.9%、6.8% 和 6.2%，总体上保持着较为快速的水平，如图 1－2 所示。这六年期间缅甸的人均 GDP 分别是 947.48 美元、1050.13 美元、1113.89 美元、1168.34 美元、1236.24 美元和 1301.09 美元，同样维持了较高的增长率。

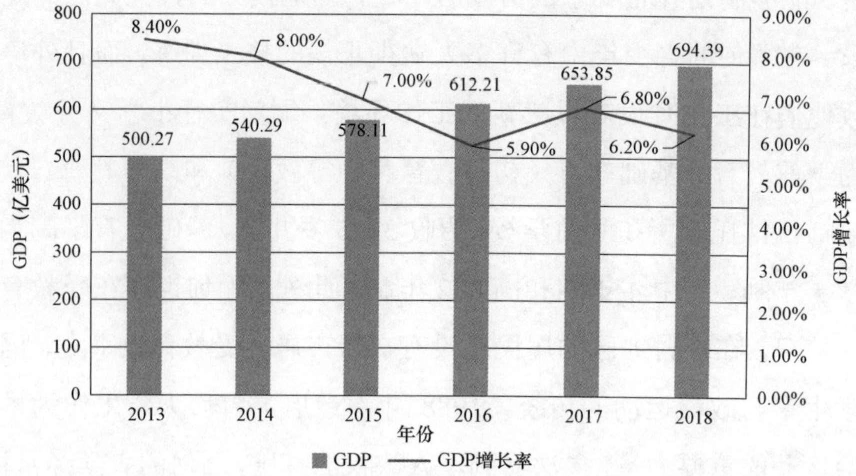

图 1－2　缅甸 2013～2018 年期间 GDP 情况

缅甸的地理位置正好处于中国与东南亚和南亚各国连接的中心地带，国际社会多年的孤立使得缅甸资金不足、基础设施发展滞后，大量道路也破败不堪。缅甸国内的交通以水路为主，但是随着缅甸国内经济情况的好转，缅甸的其他道路设施也会不断投入建设，比重也会不断上升。仰光—内比部—曼德勒高速公路是缅甸的第一条高速公路，是贯通缅甸南北的重要通道，也是一条中国与缅甸进行贸易的重要通道，因为它向东北延伸可以直接到中国边境城市瑞丽，现在政府计划重新修建来满足日益增大的运输需求。

缅甸水资源丰富，所以水电是最主要的利用方式。油气资源也比较多，虽然开采率不高，但是仍然是缅甸用于发电的第二大资源，最后是煤炭。缅甸的电力应用水平比较低，主要的电力输向了缅甸的城市区域，农村以及偏远的地方电力几乎供应不到。

第二章　电力工业现状及工程建设市场

缅甸拥有丰富的石油、天然气、水电、煤炭和可再生资源，是东南亚地区重要的天然气出口国，超过 90%的天然气输出到泰国和中国。其中，天然气作为缅甸全国最大的出口商品，一直是缅甸经济发展的驱动力。然而，缅甸能源工业的发展却表现出一定的滞后性，主要表现在能源供应结构不平衡、商业能源开发不足。

本章主要介绍缅甸电力工业现状和电力工程建设市场近况，包括：一是缅甸电力工业发展现状，涉及能源资源禀赋、电力系统概况、电气化程度以及电力管理部门等内容；二是概述缅甸工程建设市场的基本情况，包括整体情况、工程承包市场的特点以及国内外企业开拓缅甸电力市场的现状。本章节的主要架构如图 2－1 所示。

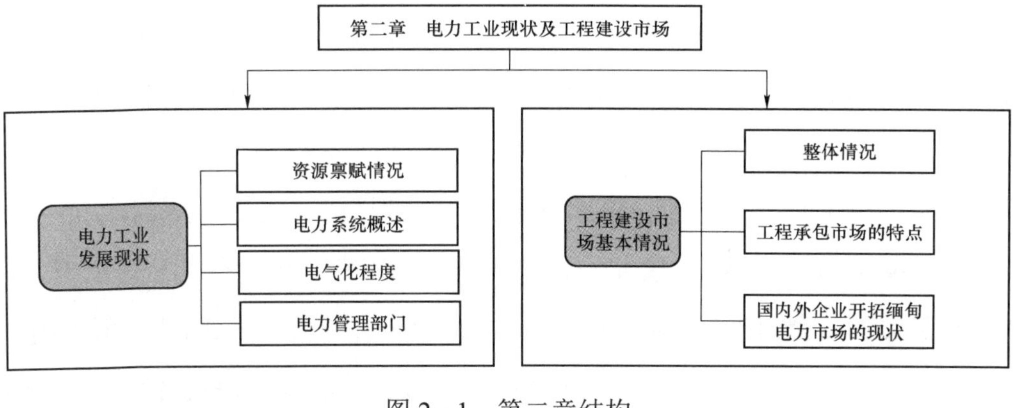

图 2－1　第二章结构

第一节 电力工业发展现状

一、资源禀赋情况

缅甸电力短缺现象十分严重，缅甸国内对电力的需求与电力的短缺现状将成为一个长期的矛盾。从 2015 年起，缅甸就处于电力供不应求的阶段，2018 年电力供给为 3360MW，而电力需求达到了 3587MW。电力发展落后使得缅甸的电气化率不高，2018 年，缅甸仅有 43%的家庭实现了电气化，58%的家庭仍处于电力供应不足的状态。根据缅甸的《国家电力发展规划》，预计到 2030 年，要满足全民用电的需求，全国电力装机容量应要达到 2878 万 kW，这表明缅甸的电力缺口达到 2355 万 kW，每年需新建电力装机近 170 万 kW（全部按水电年利用 4000h 计算，电量约 68 亿 kWh，即每天 1863 万 kWh），缅甸很难凭自身的资金投入和技术支持完成这个目标。

2019 年 4 月 4 日出版的官方报纸《缅甸之光》“为了人民的第三年”专栏中，介绍缅甸电力部门的运作情况，其中提到了电力部门连年亏损的现象。缅甸电价过低，国家电力企业处于长期亏损状况。2016～2017 年度亏损达到了 4220 亿缅币，而在 2017～2018 年度时预计亏损 6000 亿缅币，为了减少亏损，尽可能多采用了水力发电，使得最终亏损比预计减少了 1620 亿缅币，缅甸国内一千瓦时电收费为 35～50 缅币，而缅甸国内发一千瓦时电的成本则需要 110～115 元缅币左右。收费远不及成本，由于生产成本与销售价差距巨大，所以减少亏损几乎是不可能的。国家每年在电力领域的亏损平均达到 4700 亿缅币（23.939 亿元人民币）。国家一直在出资补助电费，电力部门资金匮乏，因此缺少足够的资金对老旧的电力系统和电力设施进行改造升级，扩大电力生产也变得难上加难。长期以来，缅甸电力领域陷入困境难以逃脱恶性循环。缅甸从 2019 年 7 月 1 日起按照重新调整的电费标准收取电费，在以新标准收取电费的第一天，全国的用电量降低了 770 万 kWh 左右。

另一方面，缅甸清洁能源资源开发程度不高。根据专家估计，缅甸可开发太阳能发电量为 5.2 万 kWh/a，风能发电量是 365 万 kWh/a，生物质能发电量达到 32 万 kWh/a。根据世界银行的预计，缅甸水能潜力是 10 万 MW，现已开发 4.6 万 MW，但只有 3 万 MW 的运营能力，清洁能源资源开发潜力仍然巨大。缅甸拥有丰富的能源资源，特别是水力和天然气，缅甸可用于发电的能源资源大体情况如下：

（一）水力

缅甸河流众多，比较著名的有伊洛瓦底江、萨尔温江、锡唐河、钦敦江、湄公河等河流，水力资源十分丰富。伊洛瓦底江是缅甸的母亲河，全长 2173km。萨尔温江在缅甸境内长 1046km，发源于我国西藏东部唐古拉山脉，在云南境内叫怒江。它流经缅甸的掸邦、克耶邦、克伦邦、孟邦，在毛淡棉附近注入莫塔马湾。伊洛瓦底江与萨尔温江之间的锡唐河，发源于缅甸布巴山附近，大部分流经河谷平原。

（二）石油天然气

石油、天然气为缅甸主要能源，蕴藏量十分丰富，既可用于生产石油产品，也可用于发电。根据缅甸矿业部公布的数字，缅甸已探明的石油储量达 6.96 亿桶，已探明的天然气储量达 4443.1 亿 m^3，其中陆地天然气储量 481.1 亿 m^3，海上天然气储量 3962 亿 m^3。由于资金严重不足、地质条件差、开采难度大、技术落后和投资成本高等原因，这些能源尚未得到充分开发利用。1988 年缅甸政府开始实行对外开放政策，吸引外资开发境内的石油天然气。1989 年以来，美国、英国、荷兰、意大利、加拿大、日本、泰国、韩国、中国等多个国家的石油公司与缅甸签订了 50 多项在缅甸勘探石油的协议，勘探范围超过 8 万 km^2。

（三）煤炭

缅甸煤炭资源不太丰富，尤其是无烟煤储量少，储量较多的是烟煤和小部分褐煤。缅甸的煤炭产量很低，近年来随着缅甸国内对煤炭的需求的增加，煤炭开采量逐渐增多。缅甸政府一方面鼓励国内企业加强对煤炭的开采，另一方面也希望外国企业投资于缅甸煤炭业的开采。同时，建设燃煤火电站，促进缅甸农村电力产业发展。

（四）地热

地热能是来自地球深处的可再生能源。在商业应用方面，一些发达国家利用干燥的过热蒸汽和高温水发电已有几十年的历史。缅甸地热资源十分丰富，但还没有用于发电的记录。

（五）风能

缅甸有 2831km 的海岸线，一年中有 9 个月吹西南季风、有 3 个月吹东北季风，风能资源丰富。缅甸风能的利用已进入起步阶段。据缅甸能源科学技术部的研究，认为有三个地区风能资源可资利用，即掸邦的钦丘陵地区、沿海地区以及缅甸中部地区。缅甸电力部与日本的新工业发展组织（The New Energy and Industrial Techology Development Organization，NEDO）合作，建立了气象观测站，在缅甸中部和低洼地区安装风能与太阳能设备进行观测。

二、电力系统概述

（一）发电情况

1969 年以前，缅甸的发电系统主要依托柴油发电机和小型水电站供电的孤立电网组成。2005～2011 年期间，缅甸政府开始积极开展发电站的建设工作，这一期间，共建造了 8 座发电站，总装机容量 193.4 万 kW。其中，两座最大的水力发电站，一座部分电力输往中国（瑞丽一级，装机容量 60 万 kW）和一座供应缅甸国内（耶育瓦，装机容量 79 万 kW）的水力发电站分别于 2008 年和 2010 年投产。缅甸以水力发电为主要形式，其次是天然气发电，其他新能源发电技术尚未得到广泛运用。根据缅甸欧洲商会（European Chamber Of Commerce in Myanmar）公开发行的《能源指导 2019（*Energy Guide* 2019）》中的数据显示，缅甸共有 19 座燃气发电厂，其中 9 座位于仰光地区，其余则位于缅甸全国各地的天然气基础设施附近。此外，缅甸还拥有约 28 座水力发电厂，规模从最小的 10MW 到最大的 790MW 不等。此外，还有另外 30 个小于 10MW 的小型电厂。

在缅甸，缅甸能源和电力部（Ministry of Electricity and Energy，MOEE）负责收集有关发电、出口和最终电力消费数据。根据 MOEE 和东亚东盟经济研究中心（Economic Research Institute for ASEAN and East Asia，ERIA）联合公开发布的《缅甸能源统计数据 2019（*Myanmar Energy Statistics* 2019）》，缅甸水力、燃煤、燃油、燃气（蒸汽和天然气）发电的统计数据见表 2-1。需要注意的是，MOEE 提供的发电数据不包括可再生能源部门报告的微型水力发电、光伏发电和风力发电。

表 2-1　2011～2016 年缅甸发电量　GWh

年份	水力发电	蒸汽发电	燃油发电	燃气发电	燃煤发电	总计
2011	7544.07	438.11	38.33	2118.02	311.66	10 450.19
2012	7766.24	505.59	50.63	2377.39	265.05	10 964.90
2013	8778.11	433.25	60.76	2794.30	135.66	12 202.08
2014	8828.85	216.01	64.89	4977.03	69.53	14 156.30
2015	9398.98	284.98	55.23	6232.77	—	15 971.96
2016	9743.85	514.64	61.12	7537.79	9.59	17 866.99

截至 2019 年中，缅甸共有水电、燃气和燃煤发电厂 57 座，水电装机占比到 57.7%，天然气发电占 36.6%。2019 年 12 月 4 日的《缅甸之光》报道了最

近几年来缅甸发电厂的总装机容量，预计达 7005MW。另外，为保障电力安全，缅甸于 2014 年制定了《国家电力发展规划》（The National Electricity Master Plan）。按照该规划，到 2030 年，缅甸电力总装机容量将达到 28 784MW，实现全民通电。

在电力出口方面，自 2013 年以来，缅甸已向泰国和中国等邻国出口了电力，出口的电力全部来自水力发电厂。2013～2018 年期间，缅甸的电力出口情况为 2532.27、1463.37、1238.82GWh 和 2381.34GWh。

（二）电网等级

近年来，缅甸电力工业发展迅速，用电量处于不断增长的发展态势。缅甸输电电压等级分为 500、230、132kV 和 66kV，配电电压等级分为 33、11kV 和 6.6kV。截至 2018 年 10 月，缅甸共有 9093 条输电路线，主要围绕人口密集度高的城市（仰光、内比都等）进行分布。其中 230kV 输电路线 67 条，共 2908mile；132kV 输电路线 42 条，共 1368mile；66kV 输电线路 258 条，共 4817mile。根据世界银行相关数据，截至 2019 年 6 月 26 日，缅甸已建或正在修缮的配电线路共 166.32km，已安装变电站数量为 11 350 个。

根据《缅甸能源总体规划 2015》，预计到 2030 年，缅甸最大负荷将达到 950 万 kW，年均增长 8.3%。考虑伊江和萨江水电陆续得到开发后，预计 2035 年装机达到 5500 万 kW，存在大量富余电力可向周边国家送电。缅甸还没有与周边国家的互联互通项目，正在规划建设四条与泰国进行电力互联互通的线路。

三、电气化程度

2016～2017 年期间，缅甸实现电气化的城镇达到 467 座。在农村电气化方面，共有村庄 63 860 座，实现电气化村庄 31 742 座，达到 49.70%；在电气化家庭方面，总户数达到 10.877 亿，实现电气化 3.997 亿，达到 37.00%，属于全球低水平国家之一，具体见表 2-2。

表 2-2　　2016～2017 财年缅甸电气化情况一览表

电气化城镇	电气化村庄			电气化家庭		
	村庄数量总计	电气化村庄	占比	年末总户数（亿户）	实现电气化（亿户）	占比
467	63 860	31 742	49.70%	10.877	3.997	37.00%

四、电力管理部门

自 20 世纪初，缅甸电力供应体系由 1910 法案授权的几家私人电力公司组成。1950 年由拥有最大装机量的仰光电轨和供应公司为仰光供电。根据 1948 年的《电力法》，工业部在 1951 年下设电力供应委员会。1972 年，电力供应委员会更名为电力公司。1975 年，工业部分为工业部（1）和工业部（2），电力公司隶属于工业部（2）。1985 年，工业部（2）扩大为能源部，电力公司则成为能源部下属机构。1989 年，电力公司变更为缅甸电力公司。1997 年，电力部成立并下设三个机构组织，即电力司、缅甸电力公司和水电司。2006 年，电力部被划分为电力部（1）和电力部（2）；2012 年，两部门又被合并为电力部（MOEP），该部下设三个司和四个公司。2016 年，MOEP 与能源部一起组成电力和能源部（Ministry of Electricity and Energy，MOEE），下设四个司和七个公司。缅甸电力和能源部的变革如图 2-2 所示。

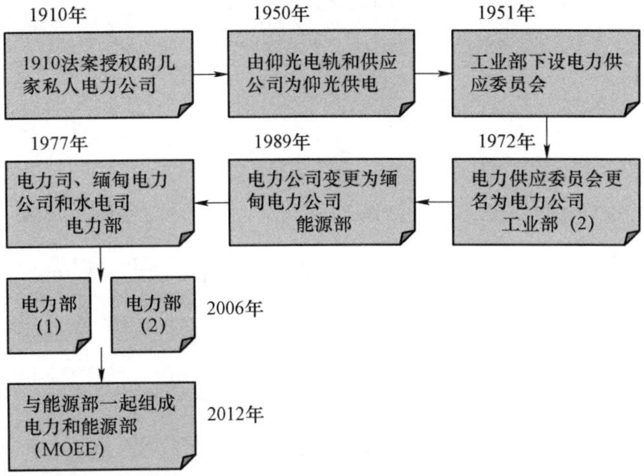

图 2-2　缅甸电力和能源部的变革

2016 年 4 月，缅甸政府对其组织架构进行重组，将部委数量从 36 个减少到 21 个。其中，将原能源部和电力部合并成新的电力和能源部，主要负责石油和天然气、电力、太阳能、风能和地热开发；其余领域，如煤炭、能源效率和其他的可再生能源。

第二节　工程建设市场基本情况

一、整体情况

缅甸是我国开展对外承包工程业务的传统市场和重要市场，近年来中缅经济技术合作重点在通信、电力、建筑、矿产资源等领域。在电力工程领域，已有多家中国企业进入缅甸市场，典型的电力工程有：太平江一级水电，缅甸仰光达吉达 110MW 联合循环燃机电站一期、皎喜 145.49MW 燃气电站，缅甸直通燃机联合循环发电 EPC 项目，缅甸 230kV 升压站升级改造项目。

二、工程承包市场的特点

（一）外国公司承包缅甸工程情况

1. 许可制度

缅甸政府在资质资格上，对在缅甸承包工程项目的外国公司没有成文的规定，欢迎讲信誉、有实力的外国企业来缅甸承揽工程项目。

2. 重点发展领域

由于缅甸外汇短缺，政府优先发展可以为国家增加创汇或节省外汇的项目。能源、电力、铁路、交通、农业等均属于缅甸重点发展的领域，其中电力作为国家经济发展的基础设施，是最优先的发展领域之一。

3. 禁止领域

虽然缅甸无明文规定，但一般而言，涉及缅甸国防的敏感项目、少数民族地区政府的项目、贵重矿产资源（金矿、玉矿等）的开发一般不允许外国公司介入。缅甸的水电开发项目很多地处少数民族地区，中央政府掌控力不足，协调开发难度较大。

（二）缅甸投资行业鼓励与限制情况

1. 缅甸鼓励投资的行业

2017 年 6 月，缅甸投资委员会公布了缅甸鼓励投资的 10 个行业，即农业及相关服务行业，包括农产品加工业；畜牧业及渔业养殖；有助于增加出口的行业；进口替代行业；电力行业；物流行业；教育服务；健康产业；廉价房建设；工业园区建设。欢迎国内及外国投资者在这些领域投资，缅甸投资委员会及地方政府部门将对投资者提供必要协助。

2. 缅甸限制投资的行业

根据《缅甸投资法》第 42 条和第 100 条规定，经联邦政府批准，缅甸投资委员会于 2017 年 4 月 10 日发布通告，公布了限制投资行业清单。受限行业分为四类，即只允许国营的行业、禁止外商经营的行业、外商只能与本地企业合资经营的行业、必须经相关部门批准才能经营的行业。

只允许国营的行业包括：根据政府指令进行的安全及国防相关产品制造业、武器弹药制造及服务、全国性邮政运营服务及邮票印制、航空管理、导航、自然林管理、放射性物质（如铀、钍等）研究及生产、电力系统管理、电力项目监管等 9 项。

禁止外商经营的行业包括使用缅语或缅甸少数民族语言的新闻出版业、淡水渔业及相关服务、动物产品进出口检验检疫、宠物护理、林产品加工制造、依据矿业法开展的中小型矿产勘探开采及可行性研究、中小型矿产加工冶炼、浅层油井钻探、外国人居留证件印制发行、玉石和珠宝勘探开采、导游、小型市场及便利店等 12 项。

外商只能与本地企业合资经营的行业包括渔业码头及渔业市场建设、渔业研究、兽医、农业种植及销售和出口、塑料产品制造及国内销售、使用自然原料的化学品制造及国内销售、易燃品制造及国内销售、氧化剂和压缩气体制造及国内销售、腐蚀性化学品制造及国内销售、工业化学气体制造及国内销售、谷物加工产品制造及国内销售、糕点生产及国内销售、食品（牛奶及奶制品除外）加工及销售、麦芽酒生产及国内销售、酒精及非酒精饮料生产加工及国内销售、饮用纯净水生产及国内销售、冰块生产及国内销售、肥皂生产及国内销售、化妆品生产及国内批发、住房开发销售及租赁、本地旅游服务、海外医疗中介服务等共 22 项。

必须经相关部门批准才能经营的行业包括：需经内政部批准的使用麻醉品和精神药物成分生产及销售药品行业，需经信息部批准的使用外语出版刊物、广播节目等 6 个行业，需经农业畜牧与灌溉部批准的海洋捕捞、畜牧养殖等 18 个行业，需经交通与通信部批准的机动车检验、铁路建设及运营等 55 个行业等，共有 10 个部委辖下的 126 个行业。

三、国内外企业开拓缅甸电力市场的现状

（一）缅甸外资呈现多元化趋势

随着缅甸投资环境的变化，外国在缅甸直接投资逐步增加，导致我国企业市场的外部竞争环境愈加复杂。1990～2013 年期间，缅甸政府批准的外国直接投资中，中国占据了 40.5%，泰国占比 23.5%，中国在缅甸外商直接投资占比为第一。2013 年以来，缅甸外国直接投资来源更加多元化，2012～2015 年缅甸政府批准的外国直接投资总体呈上升趋势，但中国所占份额却明显下降，

从 2011 年的 93.6%降到 2015 年的 6.45%。

究其原因，2011 年缅甸民选政府上台，特别是 2012 年缅甸新投资法的颁布实施，吸收来自世界各地的投资。与此同时，缅甸政府在宏观层面也想实现投资来源多元化。截至缅甸 2014～2015 财年的投资数据显示，在缅甸政府批准的外国直接投资累计总额中，中国投资占比 27.2%，泰国投资占比 18.92%。从 2012 年开始，其他经济体对缅甸直接投资流量明显增加。2012～2013 财年，欧盟成为缅甸最大的投资来源经济体，投资总流量为 6.65 亿美元，占缅甸外国直接投资流入总量的 49%，而中国则为 4.76 亿美元。从缅甸的外国直接投资的经济体变化来看，2011 年以后对缅甸投资的国家和地区数量越来越多。2012～2013 财年为 14 个，2013～2014 财年为 1 个，2014～2015 财年即增加到 27 个，2014～2015 财年为 39 个、投资企业 897 家，投资总额 542.47 亿美元。

随着中缅政治互信和双边关系不断加强，“一带一路”倡议持续推进，中国对缅甸投资力度继续加强。据缅甸投资与公司管理局数据显示，至 2018 年 2 月 28 日，中国（包括港澳地区）在缅甸外商直接投资（FDI）中排名第一，投资 344 个项目共达 248.5 亿美元，占据允许外商投资总额的 40.14%。

截至 2019 年 7 月，中国对缅累计投资额占到缅甸吸引外资总额的 25%以上，是缅甸最重要的投资来源国之一。

（二）外国投资目标

在缅甸外国投资方面，石油和天然气获得投资占比最大，其次是电力部门。此外，外国企业正加速进入缅甸电力开发市场，1988～2017 年期间，缅甸石油和天然气部门获得了 745 亿美元，占外国直接投资的 30.1%。电力部门占外商直接投资的 27.8%，或 14 个投资的 201 亿美元，其中大部分是大型水电项目。

据缅甸投资委员会的公开资料显示，外国企业正加快进入缅甸投资开发电力。在过去，缅甸的电力供应主要依靠水电，而用电量的逐年增加导致电力短缺。依据夏季的电力需求，缅甸正在建设更多的天然气发电站，而上述项目的建设有大量的外资企业注入资金。

（三）中国企业对缅电力投资概况

缅甸紧邻我国云南省，又位于我国多条国际河流下游，水能资源丰富。我国具有参与缅甸水电开发的良好区位优势，特别是随着近年来大湄公河次区域（The Greater Mekong sub region，GMS）电力合作的加强，以及缅甸电力短缺和我国能源资源竞争加剧，国内企业对开拓缅甸水电市场十分重视，有关企业纷纷寻求与缅甸合作开发缅甸水电资源。中国南方电网有限责任公司（简称南方电网公司）、中国华能集团有限公司（简称中国华能）、国家电力投资集团公司（简称国家电投）、中国大唐集团有限公司（简称中国大唐）和中国水利水电建设股份有限公司等企业均已在缅甸开展了大量的工作，个别电站已开始建设。各公司与缅合作的主要情况如下：

1. 南方电网公司

近年来，为落实国家“一带一路”倡议，大力推动“走出去”，加快推进与大湄公河次区域国家的电网互联互通，打造面向南亚、东南亚地区开展电力合作的窗口，推动缅甸边境地区经济社会发展，我国南方电网已实现与缅甸的电网互联互通，在 2015 年 110kV 中国勐龙－缅甸掸邦东部第四特区景仰输变电工程正式投运，这是我国南方电网向缅甸送电的首条 110kV 输变电工程。该项目于 2014 年 9 月 23 日开工建设，线路总长 39.1km，其中国内段 15.9km。南方电网公司按照立足主业、发展周边的原则，务实推进与周边国家更高电压等级电网互联互通，加快实施 500kV 中缅联网项目，推动云南水电清洁能源消纳，也促进缅甸仰光严重缺电问题解决。南方电网公司作为中方联合体公司的成员还参与到了位于掸邦南部萨尔温江上的孟东水电站项目（塔山水电站）。

2. 中国华能

缅甸瑞丽江（Shweli）一级水电站位于缅甸北部掸邦境内，紧邻中缅边境的瑞丽江干流上。项目概算总投资32亿元人民币，其中中方总投资29.6亿元人民币，单位电能投资为8000元/kWh，是罕见的标杆式高回报水电站。电站距缅甸南坎、曼德勒的公路距离分别约为63、539km。电站至中国境内的瑞丽、昆明的公路里程分别为94km、893km。

电站采用日调节引水式开发，电站枢纽布置主要由首部枢纽、引水系统和厂区枢纽三部分组成。

缅甸瑞丽江一级水电站是我国首个对外投资的以建设—经营—移交（Build-Operate-Transfer，BOT）方式运作的项目，项目法人为中国云南联合电力开发有限公司与缅甸电力一部水电实施司组建的合资公司—瑞丽江一级电站有限公司。其中代表中方的云南联合电力开发有限公司由云南华能澜沧江水电有限公司、云南电网公司和云南机械设备进出口有限公司共同组建。云南联合电力开发有限公司占80%股份，全面负责瑞丽江水电站项目的开发、运营和管理工作。电站投产后由合资公司运营40年后再移交给缅甸政府。中国水利水电第十四工程局有限公司以施工总承包形式承建电站所有工程内容施工。

3. 国家电投

2006年缅甸邀请中国电力投资集团公司（简称中电投公司，2015年5月29日重组为国家电投）投资伊洛瓦底江上游水电，中电投公司于2006年初开始与缅方接触，正式商谈启动合作开发缅甸水电前期工作。密松水电站是7个梯级电站中最大的一座，位于迈迪开江与恩梅开江汇合处，距克钦邦首府密支那约30km，距中国云南省腾冲市区约227km，投资逾36亿美元，装机容量600万kW，总工期8年，计划于2017年首台机组发电。2006年12月，中电投公司与缅甸第一电力部签署了《缅甸恩梅开江、迈立开江流域及伊洛瓦底江密松水电站以上流域水电开发谅解备忘录》。2007年10月，中电投公司与缅甸第一电力部授权的水电建设公司就《缅甸恩梅开江、迈立开江流域及伊洛瓦底江密松水电站以上流域水电项目开发、拥有和运行协议备忘录》(简称 MOA)基本达成一致，双方计划于 2016~2023 年期间共同开发规模 1630 万～1800 万 kW 的水电项目。2011 年缅甸总统吴登盛以“破坏生态环境，尊重人民意愿”为由，突然宣布在他任期内暂停修建密松大坝，密松大坝建设被长期搁置，在新闻媒体和众多非政府组织（Non-Governmental Organizations，NGO）的舆论宣传下，中国水电企业形象遭遇前所未有的困境。

4. 中国大唐集团公司

中国大唐也已进入缅甸水电市场，主要开展太平江一级水电合作前期工作。太平江一级水电站（24 万 kW）为华中电网有限公司所属华中电力国际经贸有限公司（简称华中国贸公司）早期在缅甸开发的电力项目，并获得了缅甸政府授予的项目开发权。2007 年 6 月，大唐集团公司与华中国贸公司签署合作协议，共同实施项目开发，缅甸太平江水电站是中国大唐第一个海外投资项目，按照中缅两国的协议，太平江水电站采取国际上通行的 BOT 模式运营，项目位于缅甸克钦邦（Kachin）太平江上，北邻云南省盈江县，距中缅第 37 号界桩约 5.5km。太平江上游称大盈江，在八莫（Bhamo）附近汇入伊洛瓦底江。电站厂房距盈江县县城约 70km。装机容量 4×60MW。主要水工建筑物包括首部枢纽、引统、调压井和厂区枢纽。该电站为径流式电站，于 2007 年 12 月主体工程开工，2008 年 10 月截流，2010 年 12 月 31 日首台机组发电，2011 年 6 月全部建成投产。电站建成后 90%以上的电量回送中国南方电网，另有部分电力免费提供给缅甸境内城市。在南方电网系统中主要担任基荷和腰荷。

5. 中国水利水电建设集团公司

中国水利水电建设集团公司是国内跟踪、介入缅甸水电开发较早的企业，2007 年 7 月，中国水利水电建设集团公司与泰国产电机构在北京正式签署怒江—萨尔温江哈吉水电站合作开发备忘录。该项目是当时中国、泰国、缅甸三国合作的最大项目。哈吉水电站是怒江—萨尔温江流域拟梯级开发的5座水电站中的首座电站，电站装机容量60万kW，总投资约10亿美元。该电站位于缅甸克钦邦境内，距泰缅边界约30km。中国水利水电建设集团公司一直在跟踪开展萨尔温江哈吉水电站和塔山水电站的合作开发的有关前期工作，但未进入实质性合作开发阶段。

6. 中国长江三峡集团有限公司及中国水电顾问集团公司

2012年2月14日，中国长江三峡集团有限公司（简称三峡集团）及中国水电顾问集团昆明勘测设计研究院有限公司（简称昆明勘测设计研究院）与缅甸电力二部合作开展的缅甸国家电力系统规划项目谅解备忘录签字仪式在内比都隆重举行。缅甸电力二部部长吴钦貌梭、中国驻缅甸大使馆经济商务参赞金洪根、中国长江三峡集团有限公司原副总经理毕亚雄等出席了签字仪式。缅甸国家电力系统规划项目是由三峡集团赠款支援缅甸国家建设的援助型项目，委托昆明勘测设计研究院开展研究。中国电力建设集团有限公司（简称中国电建）历时两年帮助缅方完成了缅甸国家电力发展规划编制工作，并将相关报告书正式提交给缅甸电力部。根据2012年2月签署的有关协议，受缅甸电力部委托，昆明勘测设计研究院对缅甸电力系统进行了科学专业的分析研究，编制完成了《缅甸电力系统规划综合篇》《电力负荷现状及电力需求预测篇》《电力系统现状及改进方案篇》和《电力电量平衡及电力网架规划篇》。这是首部系统反映缅甸当时和未来20年电力系统发展的规划报告，得到了缅甸有关部门的好评与认可。该规划的实施对实现缅甸电力可持续发展和长远战略规划的统筹协调，推动缅甸电力工业发展和经济社会进步具有重要意义。近年来，缅甸电力工业发展迅速，但仍满足不了工业发展和民众生活的用电需求，缺电问题相当普遍和严重。

2010年11月10日，由三峡集团牵头，携手中国水利水电建设集团公司及南方电网公司组成中方联合体，在缅甸首都内比都，与缅甸电力一部水电规划司、泰国发电管理局国际公司、缅甸IGOEC公司签署共同投资开发萨尔温江

（孟东）水电站项目的协议。该项目装机规模 630 万～700 万 kW，总投资 612 亿元人民币，将以 BOT 模式运作，其中中方联合体占股 56%，发电管理局国际公司占股 30%，缅甸政府占股 10%，IGOEC 占股 4%。

2012 年 8 月，三峡集团与缅甸电力部签署谅解备忘录，随后出资完成了缅甸沿海四省邦（钦邦、若开邦、仰光省级伊洛瓦底省）风电规划研究报告及羌达风电项目可研报告，获得该四省邦风电项目的优先开发权。2016 年 2 月 29 日，三峡集团与缅甸电力部在缅甸首都内比都签署羌达风电项目开发协议。羌达风电项目是缅甸政府计划推进的第一个风电项目，也被中缅双方政府推荐作为中缅电力合作示范项目，其位于缅甸伊洛瓦底省勃生地区，首期开发装机 30MW。

7. 广东珠海新技术有限公司

2012 年 3 月 31 日，缅甸马圭省吉荣吉瓦水电站落成。缅甸副总统赛茂康出席落成仪式。该水电站位于缅甸马圭省敏布市，又称 KK 电站，由我国广东珠海新技术有限公司承建。

第三章 相关法律法规与政策

本章的核心研究内容包括两方面：一是对缅甸相关法律法规和政策进行简要的概述分析；二是对与电力相关的法律法规和政策进行梳理和解读，如电力法律法规、缅甸国家电力的基本政策以及法律责任与制裁等。本章的结构如图 3-1 所示。

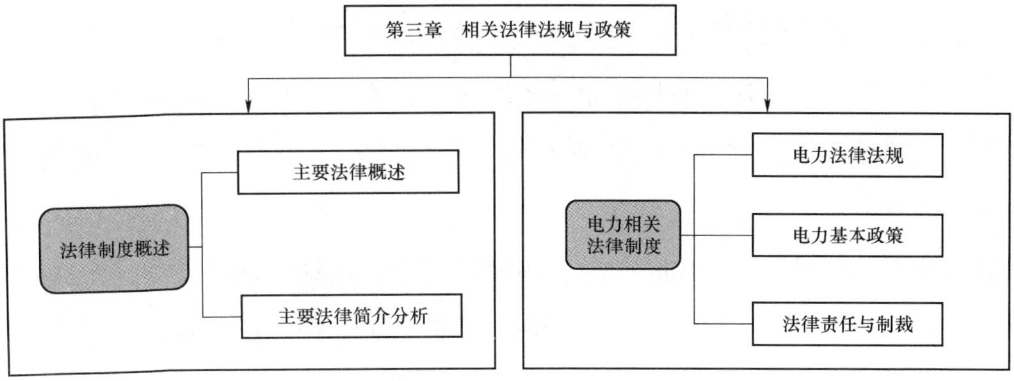

图 3-1　第三章结构

第一节　法律制度概述

缅甸国内的主要法律制度包括宪法、民商法律制度、投资法律制度、金融法律制度、税收法律制度、劳动法律制度、知识产权法律制度、环境保护法律制度以及争议解决法律制度。缅甸的法律法规仍处于不断健全中，在缅甸进行电力工程投资时，因电力工程具有工程量大、建设周期长、资金投入巨大、涉及面广的特点，涉及的法律法规范围广，但是各种法律法规不明确，使得法律风险控制难度大，建议咨询专业的法律机构。

一、宪法

1947年缅甸各族人民代表召开制宪会议，讨论制定未来缅甸联邦的宪法，并于9月24日通过缅甸历史上第一部宪法《缅甸联邦宪法》。1974年又重新起草了一部以一党制为基础的新宪法《缅甸社会主义联邦宪法》，该宪法致力于将缅甸建设成为社会主义民主国家，经全民公投通过后正式颁行。1988年军政府接管政权后，宣布废除宪法，并于1993年召开国民大会制定新宪法。2008年5月，新宪法草案经全民公决通过，并于2011年1月31日正式生效。

根据宪法规定，每个缅甸公民均享有宪法规定的平等、自由和公正的权利。在经济发展方面，缅甸宪法规定国家的经济制度为市场经济制度，国家将全力提供技术、资金、设备、原料等条件，促进手工农业能向机械化农业转型，推进工业的繁荣发展，并竭尽所能减少人民的失业率。为促进国民经济的发展，国家和地方的有关团体、合作社、联营企业、私营企业等经济力量有权从事经济领域的经营活动，同时政府在经济领域打击个人或集体通过垄断经营或操纵市场来破坏公平竞争、损害多数人经济利益的行为。宪法还规定国家不对经济企业实施国有化，不把合法发行的货币规定为非法。

针对资源开发，宪法规定国家是所有土地以及自然资源的最终所有者。立法者可制定必要的法律，以便对各种经济力量进行开发利用，并对国有自然资源进行管理。

除宪法外，缅甸各级议会及自治地方可自行制定法律法规，但联邦议会、省议会、邦议会和自治地方政府制定的法律条款或已颁布实行的法律若与宪法条款相抵触的，以宪法条款为准。

二、民商法律制度

缅甸没有统一的民法典或商法典，相关民商事法律规范散见于不同的单行法律之中。主要民事法律包括《合同法》《登记法案》《不动产转让（限制）法》《1877 年特别救济法案》《财产转让法》《印刷及出版登记法》《儿童法》和《外国渔船捕捞权法》等。

缅甸主要的商事法律包括《家庭手工业促进法》《缅甸会计理事会法》《缅甸商船法》《国有经济企业法》《民营工业企业法》《缅甸公司法》《缅甸特别公司法》《盐业企业法》《合作社法》等。

三、投资法律制度

缅甸与投资相关的法律主要有《缅甸公民投资法》《外国投资法》《外国投资法实施细则》《缅甸经济特区法》《土瓦经济特区法》《外汇管理法》《缅甸进出口商品法》《商业税法》《所得税法》《缅甸印花税法》《关税法》与《矿业法》等。

为加大吸引外资力度，取消制约本国经济发展的制度障碍，缅甸不断更新国内与投资相关的法律，2017 年缅甸先后公布实施新的《外商投资法》和《外商投资法实施细则》。

四、金融法律制度

缅甸与金融和外汇监管相关的法律法规主要有《中央银行法》（1990 年）、《外币兑换管理法》（2012 年）等。2016 年缅甸议会通过了《银行和金融机构法》，对银行资本金和存款准备金等方面提出更高要求。该法案规定银行存款准备金率为 5%，资本金不低于 200 亿缅币。新法案与《巴塞尔协议》保持了一致，在风险管理、遵守《巴塞尔协议 III》有关法规、反洗钱和审慎监管方面提出了具体要求。《银行和金融机构法》对商业银行、国有银行、私人银行和外资银行分别制定了涵盖不同方面的准则，对非银行金融机构、政策性银行等尚未还没成立的主体也做出了规定，以便与现行《公司法》和《特殊公司法》保持一致。

缅甸金融体系十分落后，银行系统不能正常运转，对经济发展产生制约。为发展金融，缅甸的当务之急是尽快改善银行系统，提高银行的服务功能。政府应保持中央银行的独立性，建立现代银行制度。同时缅甸利息政策的不合理在一定程度上抑制了企业活力。缅甸的存贷款利率长期偏高，都在10%以上，导致企业融资成本很高，利润空间受到挤压，从而制约了企业的发展潜力。

五、税收法律制度

缅甸纳税实行属地税制，财政税收由五个部所属的六个局管理，税收体系包括国内产品和公共消费、收入和所有权、关税、国有财产使用权等四个主要项目下的15种税费。其中缅甸国家税务局管理占89%以上的政府各项税收。缅甸每年都会对税率进行调整，税率调整的文件由税务局局长签发，属于行政指令。

缅甸与税收相关的法律法规主要有《联邦税收法》（2019年）、《所得税法》（2014年）、《利润税法》（1991年）、《商业税法》（2014年）、《缅甸印花税法》（2011年）、《关税法》（1992年）、《仰光市政发展法》（1990年）、《缅甸外国投资法》（2012年）等。

六、劳动法律制度

针对劳动法律关系，缅甸制定了诸多相关的法律法规，主要包括《劳动组织法》《劳工组织规则》《解决劳动争议法与规则》《争议解决法》《社会保障法》《社会保障条例》《最低工资法》《最低工资法实施细则》《就业与技能发展法》《休假法》《工资法》等。随着缅甸经济改革的深化开展以及在缅外国投资的逐年增长，缅甸的劳工状况以及与就业相关的法律制度受到了极大的关注。2015年时缅甸劳工部及其相关政府职能部门与劳工代表及雇主代表进行了多轮谈判，最终确定了最低日薪标准和遣散费支付标准，并着重强调了就业管理制度的实际应用以及政府监督管理的环节。

七、知识产权法律制度

缅甸与知识产权相关的法律法规主要有《缅甸刑法典》(1860年)、《1877年特别救济法案》《1878年第8号海关税法》《刑事诉讼法典》(1898年)、《登记法案》(1909年)、《登记法案第13号指南》《缅甸著作权法》(1911年)、《专利与外观设计法案(紧急事件)》(1946年)、《缅甸联邦共和国宪法》(2008年)、《缅甸商业标记法案》(2013年)。

缅甸知识经济发展落后，知识产权立法和管理还处于较低水平，颁布的法律法规较少。1914年缅甸颁布《著作权法》，法案中的法律条款主要依据1911年《英国著作权法案》。现行《著作权法》没有规定其他国家著作权在缅甸登记的情况，在其他国家获得的著作权也不能在缅甸执行。

现行有效的专利法律规定主要来自《联邦共和国宪法》和《登记法案》。《登记法案》规定了专利登记的程序事项，《宪法》对发明和专利的权力属性做出了概括性规定。1994年，缅甸开始实施《科学和技术发展法》。

缅甸没有针对商标注册的法律体系，相关规定散见于《缅甸刑法典》等法律。《缅甸刑法典》规定中包含有商标的定义和处理商标侵权案件的条款。缅甸参与的与知识产权有关的多边条约主要有《建立世界知识产权组织公约》与《与贸易有关的知识产权协定》等，区域性条约有《东盟关于知识产权合作的框架协议》(ASEAN)。作为世界贸易组织的成员国和《与贸易有关的知识产权协定》的签署国，缅甸已同意最迟在2021年遵守该协议条款。在上述过渡期内，专利及外观设计暂时可根据《登记法案》第18条的规定进行注册。

2017年4月，缅甸政府颁布了《商标知识产权法》《工业设计知识产权法》《文学与艺术知识产权法》和《创造知识产权法》等4部知识产权保护法律。中国企业对缅甸进行电力投资建设时，作为带资带技的外资企业，中方处于技术提供方，应注意保护自己的知识产权，使高科技的电力技术和工程技术始终成为自己的核心竞争力。

八、争议解决法律制度

针对争议解决，缅甸于2010年10月颁布的《联邦审判法》是执行审判工作的基本法律规范。《联邦审判法》共有七章，主要内容包括审判原则、联邦最高法院、省邦高级法院、各级地方法院及相关事务等。《联邦审判法》对缅甸的审判原则做出了规定，具体内容包括：依法独立进行审判；除法律规定特殊情况之外的公开审判；当事人在案件中的辩护权和上诉权；保护公民的合法权益，推进国家法制化进程，促进国家和平安定；培养和加强公民的法律意识；通过法律解决纠纷；惩处犯罪时注重对其进行道德品质的教育。

第二节 电力相关法律制度

2014年10月27日，缅甸联邦议会通过第44号法令，颁布新《电力法》，同时废除1984年根据人民议会7号令颁布的旧《电力法》。缅甸《电力法》共有十六章，七十四条：第一二章规定了相关概念的定义以及法条的目的；第三章规定了国家相关管理部门电力业务监管委员会的主要职责与义务。《电力法》明确规定了该法制定的主要目的为在国家政策范围内有序管理和监管电力业务发展，满足国家电力需求，并支持除联邦政府批准的大型发电、输配电项目以外的邦省地区中小型发电、输配电项目，以便在更大范围内消除电力安全隐患，依据相关规范标准实施电力项目，从而促进更多国内外企业在电力领域进行投资。通过制定符合时代需求的电力价格和公平、透明、有效的法律法规，让电力消费者使用符合标准电压和频率的电力，避免使用不合格电力导致消费者电器损坏情况发生。在《电力法》中还明确规定所有电力业务活动须遵守缅甸联邦正式签署的环境保护国际协议。

根据缅甸《电力法》的规定，电力业务包括与电力相关的勘测、建设、生产、输送、配送、销售、交换、电力系统控制、电力测试及电力审核等业务。

在从事电力业务活动的同时，相关主体必须获得与电力业务相关的许可经营权。同时，《电力法》对电力输送系统、配电、配电系统、电力销售、电力消费等术语做出解释。缅甸的电力系统分为国家电网系统和地方电力系统。其中国家电网系统指的是从大型电站与枢纽变电站通过输电线路、配电站、配电网覆盖整个国家的电力生产、输送和配送系统。地区电力系统是指与国家电网不相连的、独立存在的地区供电系统。电力系统管理是指按照技术标准对电网范围内的电力生产、输送和配送业务进行管理。

一、电力投资准入

为了支持部分国有资产的私营化，在电力投资准入领域，政府引入了与电力与能源部（Ministry of Electricity and Energy，MOEE）合营的机制。在新《投资法》的环境下，对于多数能源行业的投资活动，外商不再被强制要求与MOEE或其他本地合作方合营，而仅须取得MOEE的许可后即可依法经营。

二、电力行业监管

为有效实施电力项目，经联邦议会许可，缅甸联邦总统任命合适人选作为主席，带领相关专业人士成立电力监管委员会。其中，委员会主席应为联邦级别人士，委员会组织结构由1名主席外加6～7名专业人士构成。

电力业务监管委员会的主要责任与义务如下：为相关政府部门、政府组织和私人组织提供必要的咨询建议，以便有序开发电力项目；制定国家能源政策时提供必要的咨询建议；制定符合时代需求的电力价格时，提供必要的咨询建议；在各邦、省以及拥有自治权的地区组建电力业务监管委员会分会，制定分会的责任与义务；将电力领域调查、评估和审查的基本情况与国际电力标准和规范进行对比分析，以便政府部门、政府组织、私人组织、私人投资者根据分析结果采取相关措施；为私营企业投资创造合适条件，遵守电力领域法律法规；与国家组织、公司、企业和其他相关部委合作；为促进电力领域发展，就所需的技术、技能与国内外专业人士、组织进行协商；监督电力系统技术规范及标准的制定实施；修订电力系统及电网规程时与部委下属的司、处合作；监督部委有关责任人及组织在开展供电业务时遵照执行相关服务标准；针对电力领域的调查、评估和审查结果，与国际电力业务标准、服务、操作规程进行对比，向联邦政府递交开展电力项目的政府部门、政府组织、私人组织、私人投资者、整个电力系统及电力领域的具体实施进展情况报告；从政府部门、政府组织、私人组织、私人投资者开展项目进展情况中获得的新闻信息，如有需要披露给广大民众的，应公开告知了解；在审查电力设备生产、进出口、销售、使用是否符合规定标准事项方面为联邦政府提出建议和意见；委员会至少每半年应向联邦政府提交一次业务报告；开展联邦政府交办的其他电力业务；委员会开展业务时应公开透明，不得徇私枉法。

三、电力业务审批

根据《电力法》规定，拥有电力业务审批权的政府部门和组织，有电力部及其他相关部委、相关省、邦政府和相关自治省以及区领导机构。

为开展电力业务，联邦政府任命相关部委并授权其获得以下权利：批准大型电力项目的勘测、建设、发电、输配电、销售和交换业务；依据现有法律，实施公开透明原则，向国内外投资者颁发、监管、撤销电力业务开发许可权；为开展联邦政府批准的大型电力项目的勘测、建设、发电、输配电、销售业务，组建供电组织或供电公司。

根据《电力法》的规定，缅甸小型电力项目为发电能力在 10MW 以下的电力项目，中型电力项目为发电能力在 10～30MW 之间的电力项目，大型电力项目为发电能力在 30MW 以上的电力项目。

除联邦政府批准管理的大型发电、输配电项目外，相关省、邦政府可依据现有法律规定，在各自区域内就未与国家电网相连的省、邦拥有管理权的中小型发电、输配电项目颁发、监管和撤销开发许可权。

相关自治省、邦领导机构可依据现有法律规定，向本地区内的城市或者乡村颁发、监管和撤销电力业务的开发许可权。相关省、邦政府或相关自治省、区领导机构颁发、监管和撤销开发许可权时，如涉及联邦发电、输配电项目，应跟部委进行协商。

省、邦政府或自治省、区领导机构开展电力项目时，应依据现行法律，获得建设用地的需求权，并遵守环境保护法，分析项目开展对环境和社会经济产生的影响。开展电力项目时，应使用破坏最小化路径，支付损害赔偿金，并设立环境保护基金。依据《电力法》规定，省、邦政府或自治省、区领导机构还拥有与电力系统建设使用的输配电线路、变电站、发电站等相关设施的改扩建和维护权。

供电公司应独立开展财政事务。为方便供电组织或供电公司以企业经济模式运行，相关政府部门应向其应颁发成立许可证。

四、电力经营许可

（一）电力经营许可证的颁发

根据《电力法》规定，国外投资者在缅甸国内开发电力项目时，应向有权颁发电力经营许可证的机构提出申请。

有权颁发电力经营许可证的部委在获得联邦政府的同意之后，方可向有意开发联邦政府批准管理的大型电力项目的国内外投资者颁发经营许可证。

有权颁发经营许可证的省、邦政府可向有意开发除联邦政府批准管理的大型发电、输配电项目外，且未和国家电网相连的省、邦拥有管理权的中小型发电、输配电项目的任何国内外投资者或组织颁发经营许可证。获得经营许可证的机构如要向国家电网销售电力，应向部委提出申请；部委审核申请后做出批准或否决的决定。

相关自治省、区领导机构与相关省、邦协商后，可依据现行法律向有意在本地区内从事城市或者乡村电力业务的任何国内外投资者或组织颁发经营许可证。

有权颁发经营许可证的相关机构接受投资者递交的项目开发申请后，应依据规定进行审核后，可做出批准或拒绝颁发经营许可证的决定。颁发经营许可审核过程必须透明公正，主要审核内容包括电力项目的竞争力和长期稳定运营。如果项目开发申请被否决，应向申请者说明否决原因。

颁发许可的过程中，经营许可权颁发机构应注明开发期限及延期事项。

获得经营许可权的机构从首席检查长处得到电力安全生产证书后方可从事发电及输配电业务。

（二）电力经营许可权的转让

缅甸《电力法》规定，获得经营许可权的机构如欲与其他组织合作、转让，或者欲将整个项目或项目的部分销售、抵押、租赁、交换、赠予其他组织，应根据规定向颁发经营许可权机构提出申请。颁发经营许可权机构经过审核后，可做出同意或否定的决定。

获得经营许可权的机构在许可权期满时依据获得许可权的协议和规定向相关部门移交项目。

（三）获得许可权机构的义务

获得经营许可权的机构应依据法律规定开展电力勘测工作。在发电及输配电过程中，获得经营许可权的机构应依据电力开发许可权开展发电工作，有序安装、维护、使用电力测绘仪器及防护设施。遇与发电、输配电、用电相关的突发电力事故时，获得经营许可权的机构和拥有电力开发权的机构应第一时间通知首席检查长和相关部门负责人。

（四）相关责任与损害赔偿

获得经营许可的机构在开发项目过程中应遵守部委颁布的法律法规、规章制度、通告、指令、指示和规程。因获得经营许可权的机构违反本法、技术法规、规程、规章制度、通告、指令、指示以及违反规定质量和标准规范而给某人或某个组织造成损失的将承担法律责任；获得经营许可权的机构由于自身的疏忽给某人或某个组织造成损失的将承担法律责任；根据追究事项，相关部委另行专门制定法律规程。

获得经营许可权的机构开发电力项目时，由于自然灾害遭受损失、发生不可抗力事件，给某人或某个组织造成损失的无须承担法律责任；相关部委就电力项目的不可抗力事件另行专门制定法律规程。

由于电力消费者的疏忽导致其他电力消费者、电力企业遭受损失的，损失价值按部委规定标准予以支付赔偿金。

五、电力体制管理

（一）业务及设备检查

相关部委开展电力项目及电力设备检查工作。为开展电力项目及电力设备检查工作，相关部委应根据联邦政府的批准任命 1 名首席检查长，首席检查长必须是非商业性电力业务的从业人士。根据《电力法》的规定，为系统管理国家电力需求及电力体制，部委可按需在适当的地方组建电力监管机构，并确定电力监管机构工作责任与义务。

首席检查长的主要责任与义务包括：排除电力安全隐患，检查电力设备质量；督促开发电力项目机构遵守联邦政府与国际组织、地区组织签署的法律法规；为开展电力项目及电力设备检查工作，可在任何地区任命非商业性电力业务从业人士的检查长；依据规定，通过检查后颁发或者撤销电力资质证书、电力物资质量证书、电力安全证书；依据规定，颁发发电及输配电登记许可证；询问检查电力事故责任人及事故证据；开展部委及监管委员会交办的其他事项。

首席检查长、检查人员及其授权人开展工作时，依据规定可以进入任何地方、任何设施执行检查任务，对电力项目中使用的电力设备、设施、电线、测量仪器的可靠性和相关标准进行检查。为确保电力项目及电力设备检查工作质量，部委应开设达到国际标准的实验室。

（二）电力设备质量标准

获得经营许可权的机构开展电力设备的进口、生产、销售业务时，应遵守电力法规章制度涉及的电力设备质量及标准规范。国家部委开展与电站安装设备、经济设施、国内生产和国外进口销售的电力设备质量规范相关的审核工作。通过相关法律法规、技术标准、操作规程的审核，并符合质量要求后，由首席检查长颁发电力设备质量的合格证。

（三）电力项目技术培训

为促进电力项目的现代化发展，缓解现代技术和专家短缺，部委可开设必要的培训学校，提供技术培训；电力体制发展管理过程中应与从事农村供电项目的部委、组织进行合作协商。

（四）电力标准及检查机制

根据《电力法》规定，部委为电力项目制定必要的标准和检查机制。部委的最终决议应根据电力标准检查结果来决定。其他部门或组织如需接入国家电网的电站、输电线路、变电站，应与部委制定标准一致。从事电力项目的机构除遵守部委制定的规则、标准及规程外还应接受相关政府部门、政府组织所需的检查。

六、电价及服务费

部委经联邦政府同意，有权根据不同地区对电力消费者制定合适的电价和服务费，此电价可以适时进行调整。相关省、邦政府或相关自治省、区领导机构经与部委协商，有权在其管辖范围内自主发、配电地区制定合理电价和服务费，此电价可以适时进行调整。

七、法律责任与制裁

（一）法律禁止性规定

根据缅甸《电力法》的规定，针对电力业务，任何人只有在获得许可后方能从事电力业务工作，经营许可权获得者不得从事许可项目之外的电力业务工作。

无电力资质证书，任何人不得从事电力安装及维修业务；无电力安全证书，任何人不得从事发电、输电、连接使用工作。任何人均不能从事与规定要求不符的电力设备进出口、生产及销售业务。

经营许可权获得者没有得到相关部门、组织的允许不得与其他任何组织合作开发电力项目。任何经营许可权获得者未经颁发经营许可权有关政府部门、政府组织的许可，不得销售、抵押、租赁、交换或是通过其他途径转让经营权、具备此经营权的整个项目或是项目的部分使用权。

任何人不可在输电线路范围内建造设施、种植树木或从事其他不适当行为。

未经经营许可权获得者同意，任何人均不可接入输电线路获取电力，或是浪费使用电力。任何人均不可改接线路、切断输电线路、破坏电力项目使用设备。

（二）刑事责任

根据《电力法》的规定，对若干违反法律规定的相关责任做出了如下规定：

（1）任何人如未获得许可即从事电力业务工作，将被处以 10 万～50 万缅币的罚款；如若再次违反规定将构成犯罪，将判处有期徒刑不超过 1 年并收取罚款。

（2）任何经营许可权获得者如从事许可项目之外的电力业务工作将处以 10 万～50 万缅币的罚款；如若再次违反规定构成犯罪，将判处 1 年以上 3 年以内有期徒刑并收取罚款。

（3）如无电力资质证书，即从事电力安装及维修业务，将构成犯罪，并处以罚款 5 万～30 万缅币。

（4）如无电力安全证书，任何人从事发电、输电、连接使用工作，将构成犯罪，将处以罚款 30 万～100 万缅币。

（5）任何人如从事与规定要求不符的电力设备进出口、生产及销售业务，即构成犯罪，除判处 1 年以上 3 年以内有期徒刑外还将罚款不少于 300 万缅币，没收犯罪相关财产。

（6）任何经营许可权获得者如无相关部门、组织的允许，与其他任何组织合作开发电力项目，将构成犯罪，将处以罚款 10 万～50 万缅币；如若再次违反规定构成犯罪，将判处有期徒刑不超过 1 年并收取罚款。

（7）任何经营许可权获得者如未经颁发经营许可权有关政府部门、政府组织的许可，销售、抵押、租赁、交换或是通过其他途径转让经营权、具备此经营权的整个项目或是项目的部分使用权，即构成犯罪，将处以罚款 10 万～50 万缅币；如若再次违反规定构成犯罪，将判处 1 年以上 3 年以内有期徒刑并收取罚款。

（8）任何人如在输电线路范围内建造设施、种植树木或从事其他不当行为，将构成犯罪，将处以罚款 10 万～30 万缅币；如若再次违反规定构成犯罪，将判处有期徒刑不超过 3 年并收取罚款。

（9）任何人如未经经营许可权获得者同意，接入输电线路获取电力，或是浪费使用电力，将处以罚款 10 万～30 万缅币；如若再次违反规定构成犯罪，将判处有期徒刑不超过 2 年并收取罚款。

（10）任何人均不可改接线路、切断输电线路、破坏电力项目使用设备，否则将构成犯罪，除判处 5 年以上 10 年以内有期徒刑并收取罚款。最后，如有人协助他人从事违反电力法规定或是与其共同违反规定都将构成犯罪，相关机关将根据相关犯罪事实追究其刑事责任。

（三）民事责任

如发生《电力法》所规定的违法犯罪行为，并因为此行为给项目经营许可权获得者造成损失的，应根据部委相关规定就此损失支付赔偿金。项目经营许可权获得者有权收取根据第六十五条规定获得的赔偿金。任何人如若切断输配电线路，应根据部委相关规定支付与损失电力同等价值的赔偿金。由于项目经营许可权获得者或是其委托人的疏忽，造成触电、火灾而引发伤亡、残疾的，受害者有权根据《劳动赔偿法》和《电力法》的规定要求获得损害赔偿。

（四）行政处罚

根据《电力法》的规定，针对获得许可机构违反许可权法规、颁布的命令或指示以及违反本法规定的行为，颁发经营许可机构制定下述制裁措施：缴纳罚款；在一定期限内暂停或者废除许可权。

第四章 电力建设工程计价方法研究

现阶段，境外工程计价主要有两种方法，一种是定额调整法，另一种实物量法。实物量法采用实际消耗量乘以市场价，测算结果相对准确，但是现阶段我国国内施工企业由于管理、分包等原因，导致缺乏准确的人材机消耗量数据，制约了实物量法的实际应用。缅甸的工程计价方面的规则以及规范还存在一定的欠缺与不足，以下将基于中国总承包商的视角提出一套切实可行的适用于境外电力工程项目的计价方法。主要思路为：首先采用当期电力定额和预规测算该工程在国内某港口建设的工程造价；接着结合境外项目所在地人材机价格水平以及政策标准差异进行调整，从而得到境外项目工程造价。

基于相关典型工程实践案例的归纳与总结，本章主要开展了电力建设工程计价体系研究。本章节的核心研究内容包括三方面：一是简要描述缅甸电力工程计价体系基本情况；二是结合典型工程项目的工程计价活动，明确缅甸建设工程项目的费用构成，开展工程计价方法研究；三是在简介工程计价信息相关概念的基础上，明确工程计价信息的来源和获取渠道。本章的章节结构如图 4－1 所示。

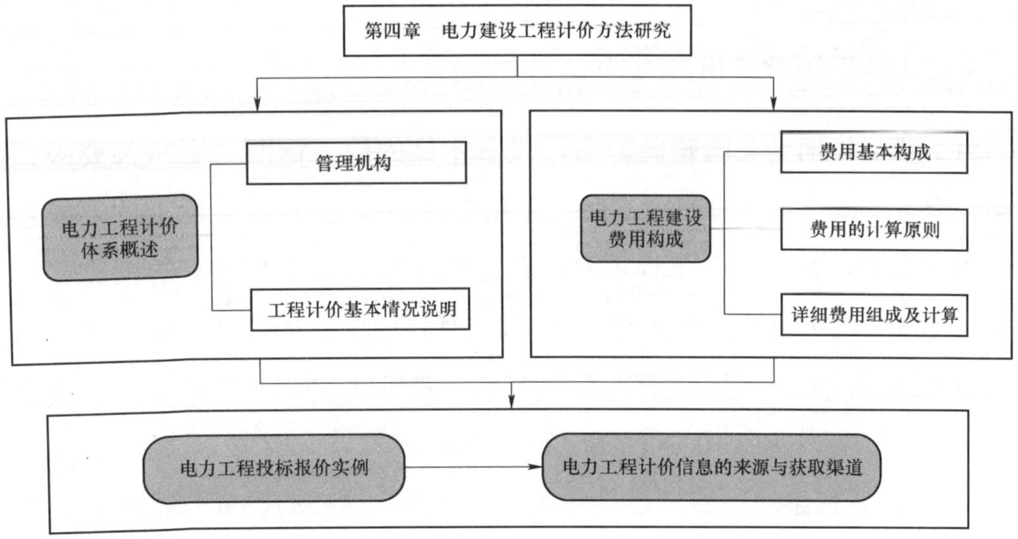

图 4－1 第四章结构

第一节 电力工程计价体系概述

一、管理机构

缅甸的电力工程管理与造价相关机构主要有建设部，电力业务监管委员会、计划与财政部及电力和能源部。

缅甸建设部（Ministry of Construction）：负责建设和维护缅甸基础设施，包括道路、电力和桥梁的政府机构。该部门在 1972 年成立，位于内比都。

电力业务监管委员会：负责缅甸电力行业监管，委员会主席为联邦级别人士，委员会组织结构由 1 名主席外加 6～7 名专业人士构成。

缅甸电力和能源部（Ministry of Electricity and Energy）：2016 年 4 月，缅甸政府对其组织架构进行重组。

二、工程计价基本情况说明

由于缅甸长期受英国殖民影响，没有本国的施工标准，通常都要求适用欧美标准（注：除非提前和缅方商定采用中方标准），且欧美标准的要求普遍比中国标准高，针对同一工程项目，其工程计价方法没有统一的国家、行业或企业标准，均由投资主体来进行决定。缅甸主要与中国、泰国、日本、印度在电力领域展开合作。国外资本投资方式主要包括 PPP（政府和社会资本合作）、EPC（工程总承包）、BOT（建设—经营—转让）、BOOT（建设—拥有—运营—移交）、优惠出口买方信贷、卖方信贷等，这样的投资方式同时解决了缅甸的资金和技术两大难题。缅甸在发承包模式方面，国内以采用 EPC 总承包模式为主。

近年来，缅甸发承包模式倾向于 EPC+F（Engineering Procurement Construction+Finance）模式，“EPC+F”是指在工程总承包模式下，企业不仅按照合同约定，承担工程项目的设计、采购、建筑施工、试运行等全过程或若干阶段工作，并对其所承包工程的质量、安全、环保、工期和成本造价全面负责，而且还需应业主要求为项目解决融资款。“EPC+F”模式的应用不仅能发挥我国大型工程企业先进的技术工艺和管理水平优势，而且在国家战略政策支持下，可联动协调金融保险机构共同解决境外业主迫切想实施基建工程但缺少相应资金的难题。

第二节 电力工程建设费用构成

一、费用基本构成

缅甸电力工程项目费用由工程费用、其他费用、基本预备费、动态费用以及铺底流动资金等五部分内容构成。

其中，工程费用包括设备购置费、直接工程费以及其他工程费用；其他费用主要包括建设场地征用及清理费、项目建设管理费、项目建设技术服务费、整套启动试运费、生产准备费、大件运输措施费、当地安保费用以及当地税费；动态费用包括价差预备费、建设期贷款利息、融资费用以及出口信用保险。缅甸电力工程费用基本构成如图 4-2 所示。

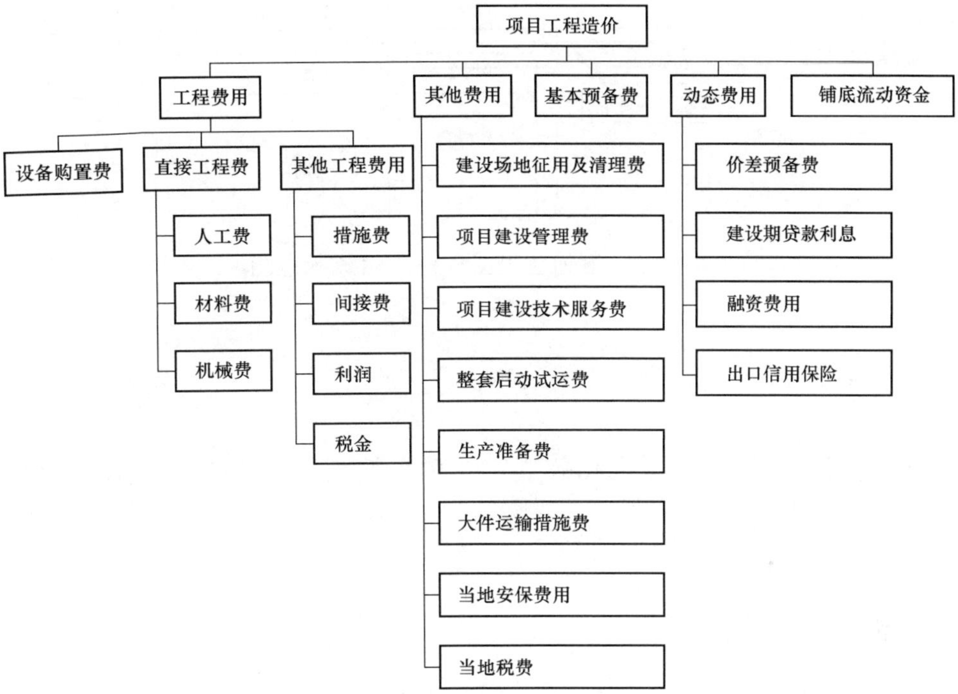

图 4-2　缅甸电力工程费用基本构成示意图

二、费用的计算原则

（一）工程费用

缅甸建设工程费用的组成如图 4-3 所示。措施费和利润目前缺乏调整依据，因此原则上暂不调整，其他各项费用都需要调整。需要说明的是，针对主辅生产工程、与厂址有关的单项工程项目，在进行工程计价时，宜采取或沿用国内工程计价模式，即套用国内定额或者合同。

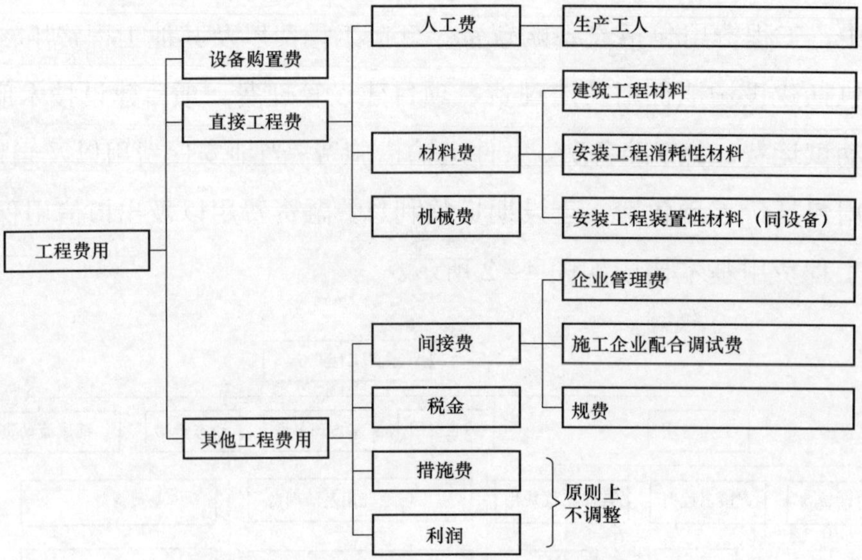

图 4-3　缅甸建设工程费用组成示意图

（二）其他费用

其他费用的计算基于国内相关规定对项目的划分，按照当地情况直接进行测算，不再另外进行调差。

（三）基本预备费

基本预备费根据外币和人民币可不同费率。

（四）动态费用

1. 价差预备费

价差预备费应结合建设项目所在地的政策，如允许建议计列。

2. 建设期贷款利息

建设期贷款利息的计算方法按照国内模式进行计算。

3. 出口信用保险

采用国内银行贷款前提是有中信保保函。

4. 融资费用

主要指融资安排费、承诺费等。

三、详细费用组成及计算

（一）设备购置费及装置性材料费

设备购置费及装置性材料费按国内采购运输到现场考虑，通常包括设备（或装置性材料）原价、国内段运杂费、国内港口及清关费、国内出口退税、境外海运及保险费、境外港口及清关费、进口环节税费、项目所在国家（或地区）运杂费等费用。已签订合同价的设备购置费及装置性材料费按合同价计列，未签订合同建议按如下办法测算。缅甸电力工程设备购置费（或装材费）的构成如图4－4所示。

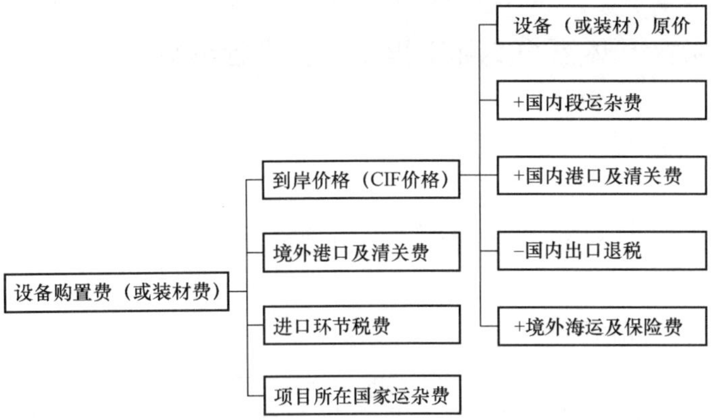

图4－4 缅甸电力工程设备购置费（或装材费）的构成

1. 计算公式

设备购置费（或装置性材料费）=设备（或装置性材料）原价+国内段运杂费+国内港口及清关费+国内出口退税+境外海运及保险费+境外港口及清关费+进口环节税费+项目所在国家（或地区）运杂费。

2. 计列方式

人民币支付设备及装置性材料在工程预（概、估）算表（人民币）仅计列国内价格（设备与装置性材料原价及相应国内段运杂费），其他金额均在编制基准期价差中计列；外币支付设备及装置性材料在工程预（概、估）算表（外币）计列全部金额。

3. 设备（或装置性材料）原价

设备与装置性材料原价为制造厂的出厂价，与国内项目相比，应包括备品备件，并考虑境外项目当地建造标准对于价格的影响。价格可按照厂家询价，或者参照限额设计、同期同类工程价格计列。备品备件如未招标，主设备（锅炉、汽轮机、发电机）按照设备费的5%，其他设备按照设备费的7%计列，以上比例仅供参考，具体需与实际工程相结合进行测算。

4. 国内段运杂费

根据拟定出口港，参照国内相关规定进行测算。

5. 国内港口及清关费

国内港口及清关费主要包括：港口包干费（港口车板接货至装船）、装船费、港建费、码头超期堆存费、订舱费、报关费、报检费、理货取单费、海关查验费、绑扎费、绑扎特殊材料费等。费用以拟出口港相关规定计算。

6. 国内出口退税

国内出口退税，简称出口退税，指根据中国出口退税制度，出口型项目对出口货物退还其在国内生产和流通环节实际缴纳的部分增值税。我国对各类出口货物执行不同的退税率，国内出口退税额计算公式如下：

国内出口退税额＝设备材料原价÷（1＋增值税税率）×出口退税税率

出口退税税率原则上应依据基准日期对应《中华人民共和国进出口税则》确定，也可按照综合税率测算。

7. 境外海运及保险费

根据拟定出口港、到达港，参照预规中进口设备国外段运费及保险费计算方法测算。

8. 电力工程费用的基本构成

电力工程费用的基本构成费以境外拟进口港的相关规定计算。

9. 进口环节税费

不同国家（或地区）针对工程项目进口设备及材料征收的税费均有不同规定，通常包括关税、消费税、增值税等，境外项目应根据项目所在国家（或地区）相关规定测算此项费用。

10. 项目所在国家（或地区）运杂费

项目所在国家（或地区）运杂费应根据拟定的运输方案，按照当地市场价格水平测算。

（二）建筑安装工程费

中国投资建设缅甸项目时，建筑安装工程费基于中国国内定额及取费办法进行编制。根据中国《建筑安装工程费用项目组成》(建标〔2013〕44 号),建筑安装工程费用项目按费用构成要素组成划分为人工费、材料费、施工机具使用费、企业管理费、利润、规费和税金。按工程造价形成顺序划分为分部分项工程费、措施项目费、其他项目费、规费和税金。其中，编制基准期价差按境外工程所在地价格水平调整；措施费、利润原则上不调整，如发生较大差异，可在编制基准期价差项下单独列项调整，并提供费用调整依据。

编制基准期价差是指概算编制基准期价格水平与编制概算所用定额等标准价格水平之间的差异。计算公式：

编制基准期价差（安装工程）= 安装及调试人工费价差 + 消耗性材料费价差 + 装置性材料费价差 + 安装施工机械费价差 + 施工企业管理人员价差 + 施工企业配合调试费价差 + 国际差旅费 + 规费价差调整 + 税金调整 + 其他。

编制基准期价差（建筑工程）= 建筑人工费价差 + 建筑材料费价差 + 建筑施工机械费价差 + 施工企业管理人员价差 + 施工企业配合调试费价差 + 国际差旅费 + 规费价差调整 + 税金调整 + 其他。

各项价差的计算规定如下。

1. 人工费价差调整

(1) 生产人工价差。

生产人工包括建筑技术工、建筑普通工、安装技术工、安装普通工、调试技术工等 5 类，需按照如下公式分别测算五类人工价差和人工费调整系数。

计算公式：

定额工日修正系数 = 国内同期同类工程实际生产工人工日数 ÷ 国内同期同类工程定额人工工日数。

中国生产工人工日数 = 定额工日数 × 定额工日修正系数 × 中国工人工日占比。

当地生产工人工日数（外国人）= 定额工日数 × 定额工日修正系数 × 当地工人工日占比 × 中外功效比。

其中：

中国工人工日占比=（中外用工比×中外功效比）÷（中外用工比×中外功效比+1）。

当地工人工日占比=1÷（中外用工比×中外功效比+1）。

中外用工比=中国工人数÷当地工人数。

中外功效比=中国工人功效÷当地工人功效。

生产工人价差=（中国生产工人工日数×中国生产工人人工单价+当地生产工人工日数×当地生产工人人工单价）–定额工日数×定额人工单价。

人工费调整系数=生产工人价差÷（定额工日数×定额人工单价）+1。

建筑综合人工费调整系数=2 类建筑生产工人价差之和÷建筑定额人工费合计+1。

安装综合人工费调整系数=3 类安装生产工人价差之和÷安装定额人工费合计+1。

（2）施工企业管理人员价差。

施工企业管理人员人工费包含在预规的企业管理费中。企业管理费是指建筑安装施工企业为组织施工生产和经营管理所发生的费用，费用主要包括管理人员工资、办公经费、差旅交通费、固定资产使用费、工具用具使用费、劳动补贴费、工会经费、职工教育经费、财产保险费、财务费、税金等。根据管理人员人工费（包括管理人员工资、劳动补贴费、工会经费、职工教育经费）在企业管理费所占比例，结合综合人工费调整系数进行价差调整。

计算公式：

施工企业管理人员价差=企业管理费初始值×管理人员人工费所占比例×综合人工费调整系数。

其中，计算建筑工程施工企业管理人员价差时用建筑综合人工费调整系数，计算安装工程施工企业管理人员价差时用安装综合人工费调整系数。

（3）施工企业配合调试费价差。

施工企业配合调试费是指在工程整套启动试运阶段，施工企业安装专业配合调试所发生的费用，按照安装技术人工费调整系数计取价差。

计算公式：

施工企业配合调试费价差=施工企业配合调试费初始值×安装技术人工费调整系数。

2. 建筑工程材料费价差调整

建筑工程材料费国内采购部分价差按照设备及装置性材料价差调整办法测算。

建筑工程材料费国外采购部分价差可参考国内办法调整，如工程所在地价格信息不全，但已有价格信息对应材料费占比超50%，可按已有价格信息测算材料费价差调整系数，并用于无价格信息材料费调差；如占比低于50%，无价格信息的材料可按国内购买考虑。需要注意的是，此价差调整比例仅为参考比例数值。具体情况需要根据项目的实际情况进行调整。以下价差调整也需要注意此问题。

3. 安装工程消耗性材料费价差调整

安装工程消耗性材料费价差按材料统计表结合工程所在地价格信息调整，如工程所在地价格信息不全，但已有价格信息对应材料费占比超50%，可按已有价格信息测算材料费价差调整系数，并用于无价格信息材料费调差；如占比低于50%，无价格信息的材料可按国内购买运输到当地考虑。

4. 安装工程装置性材料费价差调整

安装工程装置性材料费价差按照前述设备购置费及装置性材料费测算方法得到的到厂价格与装材综合价之差计列。

5. 施工机械费价差调整

（1）采购方案的比选。

采购方案主要包括国内采购、当地采购、国内租赁以及当地租赁等四种采购模式。

（2）机械费价差的计算。

建筑安装工程施工机械费价差均参考国内建筑工程施工机械办法调整，如工程所在地价格信息不全，但已有价格信息对应机械费占比超50%，可按已有价格信息测算机械费价差调整系数，并用于无价格信息机械费调差；如占比低于50%，无价格信息的施工机械可按国内购买运到当地的价格与施工机械台班定额折旧费差额测算，国内购买运到当地的价格参设备费计价办法。

6. 施工企业国际差旅费

施工企业国际差旅费指施工企业生产和管理人员来往国际机票、签证以及当地准入证的办理费。一般根据施工企业编制的人力曲线图或表进行统计。

计算公式：

施工企业国际差旅费＝Σ来往次数×（机票费＋签证费＋当地准入费）。

7. 规费价差调整

国内编制办法中的规费是指按照中国行政主管部门或省级政府和省级有关部门规定必须缴纳并计入建筑安装工程造价的费用，包括社会保险费、住房公积金和危险作业意外伤害保险费。对于境外项目，中国工人应考虑国内和境外两地发生的规费，外国工人仅考虑境外当地规费，境外部分规费项目所在地标准执行。

计算公式：

规费价差＝规费初始值×中国工人工日占比＋中国工人境外规费＋外国工人境外规费。

8. 建安工程（不含装置性材料）税金调整

建安工程费的税金应根据境外项目所在地相关政策进行调整。当境外项目所在国与我国签署税费互免协议时，建安工程仅计列项目所在地税金；当未签署税费互免协议时，项目所在地和我国均需缴纳税金。

9. 其他

境外项目建安工程相比国内项目需要调整或增加的其他项目，按照当地规定执行。

（三）其他费用

其他费用组成与预规基本一致，包括预规中规定的建设场地征用及清理费、项目建设管理费、项目建设技术服务费、整套启动试运费、生产准备费、大件运输措施费，以及新增的当地安保费和当地税费。各项费用测算方法基于预规，并根据工程实际进行调整。其中，在计算项目法人管理费、设备材料监造费、项目后评价费、生产职工培训及提前进厂费等涉及国际间人员往来的费用时应考虑国际差旅费。

（四）基本预备费

基本预备费以建安工程费、设备费购置费、其他费用的合计作为基数，按照人民币部分和外币部分乘以不同的费率得到。其中人民币部分费率可参考国内预规费率取定。

（五）动态费用

动态费用是指对构成工程造价的各要素在概算编制基准期至竣工验收期间，因时间和市场价格变化而引起价格增长和资金成本增加所发生的费用，包括价差预备费、建设期贷款利息、融资费用和出口信用保险费用。

1. 价差预备费

价差预备费是指建设工程项目在建设期间由于价格等变化引起工程造价变化的预测预留费用。根据国家计委《关于加强对基本建设大中型项目概算中“价差预备费”管理有关问题的通知》（计投资〔1999〕1340 号），由于国内物价趋于平稳，投资价格指数按零计算，因此国内项目价差预备费为零。对于境外项目，可根据项目所在地物价上涨指数进行测算，并计列此项费用。

2. 建设期利息

建设期利息由贷款利息和融资费用两部分组成。建设期贷款利息是指项目法人筹措债务资金时，在建设期内发生并按照规定允许在投产后计入固定资产原值的利息。融资费用是指资金筹措过程中发生的相关手续费（例如融资安排费、融资承诺费等）。

3. 出口信用保险

出口信用保险主要用于为中国出口企业规避境外项目所在国家或地区的政治和商业风险，通常是获取境外项目银行贷款的前置条件。我国与之对应的受理单位是中国出口信用保险公司，此项费用可按其报价计列。

第三节 电力工程投标报价实例

以缅甸某电力线路工程为研究案例，对国内某 EPC 总承包商的投标报价清单进行剖析，主要包括投标边界以及工程量清单样式 2（见表 4－1）部分内容，具体如下。（注：表格中的数量、单价和总价为参考数值）

表 4－1 工程量清单（示例）

序号		特征描述	单位	数量	单价（RMB，￥）	总价（RMB，￥）	备注
1		铁塔配件 Tower Accessories					
	（a）	上述塔的接地材料，如接地管、接地导线、配件和附件 Earthins material for above towers such as earthing tubes，earthing conductors，fittings and accessories	一套	2240	1335	2 990 400	按 300m 长的 $\phi 12$ 圆钢考虑

续表

序号		特征描述	单位	数量	单价（RMB，￥）	总价（RMB，￥）	备注
	（b）	危险标记牌 Danger Board	件	560	130	72 800	按 40×30cm 规格普通牌考虑
2		ACSR 导线及附件 ACSR Conductor and Accessories					
	（a）	ACSR 导线 330mm² “Scoter”（4 束，150mile）ACSR Conductor 330mm² “Scoter”（4-bundle for 150 miles）	公吨	4943	17 000	84 031 000	按 LGJ－400/50 报价
	（b）	用于 330mm² “Scoter” ACSR 导线的压缩中跨接头 Compression mid span joint for ACSR conductor 330mm²	件	1500	90	135 000	按 JYD－400/50 报价
	（c）	330mm² ACSR 导线的维修套管 Repair Sleeve for ACSR conductor 330mm²	件	750	70	52 500	按 JX300 报价
	（d）	ACSR 导线阻尼间隔棒 330mm² Spacer damper for ACSR conductor 330mm²	件	14 520	350	5 082 000	按 FJZ－400 报价

一、投标报价的边界条件

（一）报价依据招标方提供的工程量清单计算，凡工程量清单中以“项”或“批”为计量单位（招标方未提供详细工程量）部分，投标人依据工程建设规模及其他类似工程经验估算工程量。

（二）设备均按合资设备报价，报价书中设备、材料报价为中国广州黄埔港 FOB 价。

（三）线路工程中塔材均按角钢塔报价，若采用钢管塔，单价需另行调整；变电站内构架按格构式型钢构架报价，若采用钢管构架，工程量及单价均需另行调整。

（四）线路工程中“工具及设备”项目在招标工程量中定义不明确，暂按云南联合外经提供以往工程采购清单并按线路长度比例估算。

（五）投标总报价仅包含设备材料费用，管理费、勘察设计费、技术服务

费按4.3%考虑，包括施工图阶段。（注：4.3%为参考数值，无实际意义，具体项目需要根据当时情况进行测算）

二、投标价格确定的方法及费用组成

以中国企业在缅甸某电力工程项目清单为案例，缅甸电力工程项目招标文件中的报价模式决定了报价费用的组成。投标报价工作应在充分掌握投标工程特点、工程范围、工程量、工期、质量、财务、保险要求等相关招标文件要求的基础上，结合企业自身的技术、装备和管理水平对相关资料和市场信息进行定性、定量研究分析后，按照招标方的报价要求做出合理价格。

第四节　电力工程计价信息的来源与获取渠道

一、工程计价信息的基本概念

（一）信息

信息是现代社会使用最多、最广和最频繁的词汇，在人类社会的各个方面和各个领域被广泛使用，而且在自然界的生命现象与非生命现象研究中被广泛应用。按照狭义的理解，信息是一种消息、信号、数据或资料；按照广义理解，信息被认为是物质的一种属性，是物质存在方式和运动规律与特点的表现形式。在工程造价管理领域，信息也有它自己的定义。

（二）工程计价信息

工程计价信息是一切有关工程计价的工程特征、状态及其变动的消息的组合。在工程发承包市场和工程建设过程中，工程造价总是不停地运动着、变化着，并呈现出种种不同特征。从广义上讲，所有对工程造价的计价过程起作用

的资料都可以称为工程计价信息。最能体现信息动态性变化特征，并且在工程价格的市场机制中起重要作用的工程计价信息主要包括价格信息、工程造价指数和工程造价指标等三类。

工程计价信息是指工程造价管理机构发布的建设工程人工、材料、工程设备、施工机具的价格信息，以及各类工程的造价指数、指标等。大体上来看，获取缅甸电力工程计价信息可分为两类：一是采取市场调研或询价的方法，二是通过相关网址以及缅甸各类年度报告获取相关设备材料以及人工价格信息，作为参考。

二、市场询价

市场询价一般包括两种方式，一是可以采取赴项目所在地进行市场询价的方式；二是聘请第三方咨询机构进行市场询价，向当地的分包企业进行价格询问进行设备材料价格信息的获取。市场询价途径如图 4－5 所示。市场询价的资料至少应当包含建材市场及其价格、人工日工资标准、施工台班价格、运输价格、施工用水、用电、副食品价格、汇率等模块。需要注意的是，本书未提及材料、机械以及人工消耗量的问题，究其原因：一方面，若是援外项目，中华人民共和国商务部对外经济合作局颁发了《援外成套项目概算编制办法》（征求意见稿）中规定了，编制概算时不同项目类型使用相应的系列定额，这也就决定了其消耗量的数量。另一方面，我国的企业在国际型项目大部分为以施工单位或者总承包单位的角色参与，因此企业内部一般有相应的完整企业定额协助读者了解相关具体询价工作。市场询价清单和市场询价一览表示例见表 4－2。

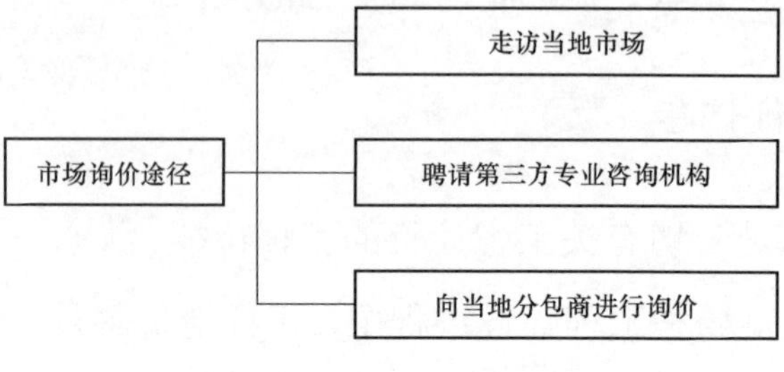

图 4－5　市场询价途径

（一）市场询价的内容

对项目所在地区范围内的材料、设备、人工、机械、各项税费等价格进行搜集和询价，具体可参考如下内容：

1）当地已完成的工程的（各类型工程、各阶段的造价数据）；

2）各类钢材的市场价格，确定是从当地采购还是中国进口；

3）木材、水泥、混凝土、砖、瓦、灰、砂、石、模板、脚手架等市场价格，确定选用当地或中国进口；

4）门窗、五金、装饰材料、保温材料等市场价格，确定当地或中国进口；

5）当地的汽油、柴油等燃料价格；

6）国际运输及当地运输的集装箱容积、载重标准、价格；

7）当地各种材料、设备的供应能力、销售价格；

8）近三年当地材料的增长幅度；

9）当地物价水平；

10）国内施工人员与当地用工人员比例，工效比；

11）当地用工来源，各工种及专业技术人员工资等级、工资标准、平均月工作天数、全年节假日天数；

12）当地水、电费（包括生活用水用电及施工用水用电价格）收费标准；

13）当地二类费取费标准，包括水、电开口费等；

14）当地币的汇率、贷款利息及近三年的变化情况；

15）当地对建设工程保险费的收费标准。

（二）市场询价表样例

根据上述询价内容，本书制订了市场询价表，见表4－2。需要注意的是，具体的询价内容还需要结合项目基本情况。

表 4-2　　市场询价一览表（土建类）

名称		单位	类别	价格	供货方式	产地	运费
一	人工单价						
1	当地工人单价（综合）	工日	人工费				
2	国内劳务派遣当地人工单价	工日	人工费				
3	当地工人单价（普工）	工日	人工费				
二	材料单价						
	砂石料及气体类						
1	白灰	kg	材料费				
2	白灰膏	m^3	材料费				
3	白水泥	kg	材料费				
三	钢筋型材类						
1	钢筋	t	材料费				

三、第三方机构或行业组织公开发布的信息

企业造价信息是指大多数测量师行、咨询公司和一些大型的工程承包商发布的造价信息。这些企业通常设立专门的信息收集处理中心，负责收集、整理各种造价信息。通过分析、总结公司所承接工程实际发生的各种造价数据，积累并生成公司内部的造价信息数据库，编制近期工程造价信息和分析表，供公司内部使用，同时向社会有偿提供工程造价信息服务。这些数据来源于实际工程，同时又建立在社会公共造价信息的基础上，既客观反映企业实际状况，又贴近市场，是准确确定工程造价的重要保证。

一些较大规模的测量师行和工程承包商积累的工程造价信息有多年的历史，有力地促进了企业的可持续发展。比如凯迪思咨询公司都会收集并发布造价信息，并建立企业自身的价格信息库，这是企业投标报价的重要依据。

（一）第三方咨询机构的出版物

比如大多数测量师行、第三方咨询公司（如凯迪思公司 Arcadis）和一些

大型的工程承包商（如鲍维斯林德 Bovis Lend Lease）都会收集并发布造价信息，并建立企业自身的价格信息库，这是企业投标报价的重要依据。承包企业的信息一般供公司内部使用，不对外公布，并作为企业的重要机密严格保密。此外，第三方咨询机构的信息同时向社会有偿提供工程造价信息服务。这些信息大都以市场价格为基础，并贴近于工程实际，是准确确定工程造价的基础。以凯迪思公司 Arcadis 为例，每年度会发布《建设工程造价手册（Constrcution Cost Handbook）》，侧重于亚洲主要城市的建筑工程造价以及成本概况。《建设工程造价手册（Constrcution Cost Handbook）》主要包括 5 部分，即建设项目造价数据（construction cost data）、一般建筑数据（general construction data）、物业投资（property investment）、商业环境（business environment）以及其他信息（other information）等内容。

（二）专业团体或机构的出版物

以 Langdon＆Seah 公司为例，作为一家亚洲国际建筑咨询公司，在 13 个国家独立经营，拥有 39 个办事处，员工近 3000 人。Langdon＆Seah 发布的《Spon’s Asia Pacific Construction Costs Handbook》，里面涵盖关于建筑业（the construction industry）概况、建筑业产值（construction output）、行业结构和特点（characteristics and structure of the industry）、客户和财务（clients and finance）、劳动力价格（cost of labour）、材料价格（cost of materials）、近似估算（approximate estimating）、开发控制和标准（development control and standards）以及建筑造价数据（construction cost data）等内容。

第五章 电力工程投资造价风险及应对策略

能源投资、能源开发仍将是缅甸对外吸引投资的政府主导型行业。缅甸政府支持以资源开发为基础的外资投资项目、出口项目，以及以出口为导向的劳动力密集型项目，鼓励农业、畜牧水产业、林业、矿业、能源、制造业、建筑业、交通运输等行业。缅甸政府在新的《外国投资法》中，特别强调外国投资对开发资源以保障内需和扩大出口的作用，并明确提出外国投资要用来发展“国家电力及能源等基础设施”。

本章的核心研究内容是电力工程投资造价风险因素识别及制定应对策略，主要包括：一是识别电力工程投资造价风险因素，构建风险因素清单；二是提出电力工程投资造价风险因素的应对策略。

第一节 风险因素的识别

在投资缅甸电力市场时，需要关注缅甸法律法规、政策体系不完备带来的不确定性，以及着重关注缅甸的基础设施建设情况、金融环境以及安全情况，以应对日益复杂的竞争态势，主要如下：

（1）缅甸国内法规仍然有待完善，国内政策稳定性不足。部分外国投资者为避开政策限制，借用缅甸人身份在缅开展投资经营活动。由于此类外国投资不受当地法律保护，因合作失败或与合作方利益纠纷而致外国投资者蒙受损失的现象时有发生。未来的投资者对此应格外注意。

（2）基础设施落后。缅甸工业发展水平低，交通、通信等基础设施较为落后，电力供应不足，燃料短缺，给外国投资者带来诸多不利影响。

（3）金融环境不佳。缅甸金融体制和服务相对落后，外商在缅甸当地银行融资相对困难，2015 年缅甸允许外资银行进入后情况有所改善，但仍有很大的提升空间；政府宏观调控能力较弱，缺乏成熟的调控机制，汇率和利率形成机制缺乏灵活性，对严重影响外商的投资收益有一定的不利影响。

（4）部分地区有安全隐患。长期以来，缅甸中央政府和部分少数民族组织之间的关系十分微妙。中国投资者应尽可能避免擅自同缅甸地方政府以及在少数民族控制区进行投资合作，此类合作一旦有意外事件发生，中缅两国政府将难以及时有效介入。

（5）竞争压力加大。近年缅甸进行国内改革，经济发展速度加快，各国投资者纷纷到缅甸考察。如泰国、新加坡、马来西亚等东盟国家持续对缅投资；日本计划运用日元贷款帮助其改善基础设施；美国企业拟对缅甸通信、电力、机场、能源等领域实施投资。由此对中国在缅甸企业投资带来的竞争压力加大。

此外，随着近年来缅甸开发程度提高，舆论环境日趋复杂，居民及劳工不理性诉求增多，对于涉及土地征用的投资项目，须充分做好调研准备工作，客观评估投资风险。对于劳动密集型投资项目，须妥善处理劳资关系，引导和管理好工会组织。

从缅甸的实际投资环境出发，结合我国电力企业投资缅甸电力基础设施的典型案例和工程中遇到的问题，对风险因素进行识别，为风险的防范提供依据。

一、技术风险

技术风险是指由于存在技术缺陷或与缅甸的技术标准不一致而产生的风险。技术风险主要有两个来源：一是技术的固有特征；二是外部技术环境及企业技术管理。我国企业在电力技术上相比于缅甸企业具有明显的技术优势，属于技术输出，技术风险主要表现在技术研发、技术标准差异与技术产权保护方面。

缅甸拥有储量丰富的水能、太阳能、风能等清洁能源，投资市场广阔。随着国际投资纷纷进入缅甸市场，投资竞争加剧。我国不仅在水电、火电利用效率等技术水平上与发达国家相比不具备优势，在风能等新能源开发上的差距也更为明显。新技术的研发投入大，在研发初期具有高度的不确定性。同时，缅甸国内活跃的非政府组织大多受到西方势力的影响，在电力基础设施投资上鼓吹西方的技术标准。虽然已经投资很多还是以我国的技术标准来建设运营，但仍可能产生技术标准差异的风险。此外，缅甸法律体系不完善，对专利技术的保护力度欠缺，我国电力企业在投资过程中也面临着自有技术被窃取的风险。

二、施工风险

施工风险是指由于成本、自然灾害等原因导致工程项目质量不达标或工期延误的风险。自然灾害是缅甸投资中施工风险的重要来源。电力基础设施对自然资源极为依赖，尤其是发电设施、洪涝等自然灾害可能导致电力基础设施损坏、建设时间延长或运营停止，打乱原有规划，进而对整个投资项目形成威胁。虽然自然灾害发生的概率较低，但电力基础设施的投资金额大，投资回收期长，一旦发生灾害就会对整个投资项目造成严重的损失。从缅甸的实际情况看，缅甸属于热带季风气候，干湿季差异非常明显，受气候变化的影响大，洪涝、泥石流、风暴等自然灾害频发。缅甸严重滞后的灾害防治基础设施，也降低了缅甸抵抗自然灾害的能力，增加了电力基础设施投资所面临的施工风险。

三、政治风险

政治风险主要是指缅甸国内政局的稳定性及政府对投资项目的干预程度，往往对电力基础设施投资具有重大影响。缅甸的政治风险具有广泛性和多样性的特点，我国与缅甸在电力等能源领域的合作具有历史积淀与项目基础，但我国企业在缅甸投资的政治风险仍然较大，从密松水电站项目到莱比塘铜矿项目，政治风险对投资的负面影响不可忽视。整体而言，与前期仅需要缅甸政府批准即可进行的模式相比，未来对缅甸投资需要中央政府、地方政府以及当地民众与社团组织的共同认可，这将进一步加大了对缅投资的不确定性。

四、法律风险

随着缅甸国内环境的不断变化以及西方国家的影响，中国企业在缅甸进行投资时也面临着越来越大的竞争压力。缅甸政府颁布了很多指导企业行为的法律、法规。其中大部分法律法规注重保护环境和自然资源，这些法律法规明文规定了限制投资企业损坏环境和自然资源，损坏民族文化传统，对人民的身体健康造成危害的行为。2011 年后，缅甸先后颁布了《劳工组织法》《和平集会游行法》《环境保护法》和《劳工争议解决法》《缅甸公民投资法》草案。这些法案和草案都融入了环境保护和人权保护的内容，缅甸环保意识的提高、环保标准的提升无疑给外资企业带来了较大的考验，使中国企业投资经营活动面临较大的经营难度。特别是近年来中国对缅甸的投资被贴上了“环境与社会问题”的标签，从表面分析，中国是缅甸第一贸易伙伴和外资来源国，容易引起缅甸的注意，被冠以这样的标签似乎也很正常。

中国在缅甸投资的主要项目是水电项目、油气矿产开发项目以及农业合作项目。从属性上讲这些投资项目很容易对环境造成不良影响，但是这些影响是所有投资项目都不可避免的，即使是本国的开发活动也在所难免，甚至后果更加严重。任何一个国家要想发展经济，必然要面对环境受损的现实。但是，也不得不承认中国在缅甸的部分投资项目，尤其是中小投资项目，由于其利润有限，环保意识还相对薄弱，改善环保的技术和资金还很缺乏，进而也缺乏环保的主动性。此外，一直以来，缅甸没有完善的环境保护法律而且执行力度不够，因此区域和双边层面的环境保护合作还远远没有落实到位。在这样的环境背景下，投资活动就容易出现在环境检测和验收或者评估程序中有钻法律空子的现象。

过去几年，缅甸的法治环境与法律体系持续改善，总体来看司法的独立性仍然比较欠缺，法律的透明度较低，受政治因素的影响大。从风险源看，在缅甸的法律保障下，我国电力基础设施遭受缅甸政府国有化的风险较低，但被搁置风险仍然比较突出。此外，频繁的劳资冲突及宽松的非政府组织管制也是电力基础设施投资过程中的重要风险源。

近几年来，缅甸外资企业多次出现劳资纠纷，缅甸仰光2017年2月发生的中资服装厂受冲击事件就是关于工资和工时纠纷的典型案例。根据缅甸《劳工法》条款规定，每隔2年对最低工资标准进行调整。2015年9月1日缅甸将最低工资标准提高到每日3600缅元，2017年12月29日更是调整到了每日4800缅元，但缅甸的工会及工人依然多次罢工并要求更高的工资，频发的劳资冲突将给入缅投资的企业造成了巨大麻烦。缅甸多发的劳资冲突很大程度上根源于非政府组织和工会的强势性，缅甸劳工法虽然对罢工等劳资冲突的处理进行了规定，但实际执行力较弱。此外，2016年缅甸新修订的《工厂条例》中规定境内企业让员工加班时必须先通过劳工法审核局的审核，同时缅甸《劳工法》还对工人的加班时间进行了限定，这对工程量巨大的电力基础设施建设来说影响巨大，企业在实际投资中要做好相应的施工规划。而在非政府组织的管理上，随着缅甸政府在法律上放松限制，注册门槛降低，且对其从事的领域及具体活动规定不严，这使得西方的众多国际性非政府组织在缅甸迅速发展，并涉及医疗、教育、环境、能源等多个领域。由于这些非政府组织对缅甸的政府公共服务有较大补充作用，缅甸法律对其管理过于宽松，造成这些非政府组织对我国在缅甸投资的项目产生的威胁越来越大，环保非政府组织在舆论上掀起的缅甸民间抗议是密松水电站被缅甸政府叫停的重要原因。

缅甸2012年颁布《外国投资法》，取消了外资占合资企业比例最多不能超过50%的规定，规定投资比例将由外资企业和缅甸合作伙伴根据实际情况共同决定。2016年10月18日通过的《缅甸投资法》更是赋予国外投资者与国内投资者享受同等待遇的平等地位，这为国外投资者创造了便利。在最新的《投资法》中，缅甸过去为支持部分国有资产的私营化而引入的与电力与能源部合营的机制得以改变。在包括电力在内的多数能源行业投资中，外商仅须取得

MOEE 的许可后即可依法经营，不再被强制要求与 MOEE 或其他本地合作方合营。但这些政策在地方的实际执行力仍然不确定。

五、管理风险

在缅甸投资电力基础设施的过程中，电力企业必须遵照缅甸当地的市场经济规则，而我国电力企业有时从短期利润最大化的角度出发，在思维方式、管理水平上还存在很多不完善的地方，本土化经营战略实行的不到位。缅甸特殊的政治经济国情决定了非政府组织及地方武装势力对联邦政府的影响力较强，同时民间的舆论也能经常左右缅甸政府对投资项目的态度。我国企业一般习惯通过与政府进行沟通，将解决项目问题的希望寄托于联邦政府，而对民间舆论及非政府组织等非官方渠道重视度不够，这在密松水电站等案例中体现得比较明显。因此，虽然我国在缅甸的水电站等电力基础设施投资中做了公益、民生、环保等诸多努力，但往往陷入光做不说的尴尬境地，并不为缅甸民众所知。

近年来，缅甸政府为了保障国内工人的就业率，通过劳动法和工作许可证、签证等劳工政策做出了一系列的限制，对外来劳工限制较严，并对外资使用缅甸本地员工的比例进行了详细规定。因此，我国电力企业在缅甸投资电力基础设施时，员工构成必须以缅甸本地工人为主。以密松水电站为例，该项目在高峰期员工数高达 5000 人，大量的缅甸员工增加了跨文化管理风险，容易影响施工。另一方面，电力基础设施投资对技术性人才的需求较高，但缅甸大多数的工人的职业技能水平较低，往往无法达到项目的需求。电力基础设施投资面临巨大的人才缺口，而对缅甸工人的培训成本也较高。

六、财务风险

财务风险主要是指财务结构不合理或融资不当使电力基础设施投资项目难以持续建设或经营的风险，主要体现为资金筹集与收益分配的不确定性。电力基础设施投资规模大、运营时间长，需要在设备、人员安置上投入巨额资金，在原材料和人力上需要持续投入资金，特别是发电站等设施的投资额可达百亿人民币的规模，随着我国电力企业在缅甸投资范围的逐渐扩大，财务风险不容忽视。

缅甸电力基础设施投资的财务风险源多样，政治因素与经济因素是两个主要风险源。

从政治因素来看，投资项目被叫停或遭遇其他重大惩罚等突发的事件可能给电力基础设施投资带来重大财务风险。密松水电站在被缅甸政府搁置后，中电投公司不仅前期投入的 70 亿元人民币无法收回，而且还在不停地支付数额极大的资金利息和相关维护费，同时面临施工方、供应商等关联方的巨额违约索赔，政治因素带来的财务风险显而易见。

从经济因素来看，缅甸的实际利率水平及外汇汇率会对企业的财务风险造成较大的影响。当电力企业通过负债来筹集投资所需资金时，利率水平上升可能会使企业支付更高的利息，外币融资也增加了企业在财务上的不确定性。而在融资途径上，缅甸资本市场发展不完善，金融服务业落后，世界银行对缅甸 1000 多家国内外非农业企业进行了调查，调查表明缅甸超过 90%的企业运转完全靠自有资金，从缅甸银行等传统渠道获取资金支持十分困难，这使我国电力企业在缅甸存在较大的融资困境。

另外从收益分配上看，我国电力企业大多是采用 BOT 模式来建设缅甸的电力基础设施项目，收回投资、获得利润、偿还债务都依赖于项目后期的运营收入，因此我国电力企业一般都在投资前约定项目完工后的收益由投资企业与政府共享，这种模式在一定程度上降低了企业在项目建后运营期间的风险。以我国首个对外投资水电 BOT 项目——缅甸瑞丽江一级水电站为例，云南联合电力公司与缅甸政府约定项目建成后，15%的电量用于满足缅甸国内的需求，剩下的 85%电量输送回国内。缅甸政府获得 20%的水电站利润、15%电厂发电以及项目建设及运营过程中上缴的多种税费。这种与政府利润共享的收益分配模式在政治局势稳定，政府掌控力强的国家能有效保障投资的利润回收，降低投资的财务风险，但在缅甸政治局势复杂、少数民族武装势力较大的环境下，企业与政府收益共享的模式也存在风险，特别是那些地处少数民族武装势力的投资项目在密松水电站项目中，项目收益将由投资企业与缅甸政府共享，但密松水电站建成后所淹没的约 390km^2 的土地中有一半由独立武装克钦军控制，缅甸联邦政府与克钦军就利益分配方案未能达成一致，财务风险转化为政治风险，导致密松水电站在各方势力的博弈中被搁置。

七、合同风险

在前期招投标阶段不够规范，缅甸工程项目建设，部分工期紧张、前期项目的延续性项目、国家高层领导有明确指示的项目，可能会采取有限邀标或者议标的方式；没有特殊原因的，一般实行公开招标制度；由企业带资参与的卖方信贷项目，则一般采取议标方式。此外，2013 年 4 月缅甸总统府发布了政府部门在批准投资业务及企业时必须遵守的招标规则。上述规则规定，政府部门必须为招标事宜成立招标工作委员会、计算底价委员会、投标审核委员会、质量检查委员会等必要的委员会。为了使招标工作具有透明度，各个委员会必须制定规则；须在官方报纸上连续一周宣布项目种类；须在规定的日期，在各个委员会和投标者面前公开开标；须按照投标原则选择符合投标规则的最低投标者。

我国电力企业在缅甸投资电力基础设施时还涉及《劳工法》与《投资法》，在缅甸现有法律环境下极易转化为合同风险，合同风险指在合同签订、合同变更及合同终止等过程中产生的风险。合作作为重要的法律安排，对交易双方的风险承担、权利义务等重要事项进行了详细规定，合同风险是投资缅甸法律体系不健全环境的重要风险，属于需要投资者高度关注的风险。

八、税务风险

在缅甸投资的中国企业面临的税收风险主要有以下三个方面：

第一，大部分缅甸税收法律陈旧，不适应国际经济活动，而新颁布的税收法规容易与已签订的投资协议冲突。比如外资公司需要遵守的法律有 1914 年颁布的缅甸公司法和 1954 年的缅甸法典以及殖民时期的印花税和商业税法，有的甚至都追溯到原殖民时期的法律文件，已经很难适应 21 世纪复杂多样的经济活动。近年来缅甸政府虽然加大了税收法律出台的力度，但法律更新历程依然漫长。此外，新颁布的税收法规没有考虑之前签订的投资协议中赋予企业的优惠措施，导致相互冲突。

第二，税收征管力度逐年加强，税收风险增大。缅甸政府计划将财政模式从依靠出售自然资源转变为以税收收入为主体。为加强税收征缴，专门成立了大企业税务局，规定每五年税收稽查一次，稽查的重点是外资投资的大型公司。

第三，中国政府尚未与缅甸政府签订双边税收协定，中国企业的投资利益缺乏保障。根据缅甸国家税收总局的工作安排，优先完成与东盟内国家的双边税收协定工作，与中国政府的协定签署尚未提上日程。

九、外汇风险

缅甸经济受到国家控制，政府主导的经济特征仍持续。受政府过度干预影响，缅甸中央银行的货币政策独立性极差。缅甸外汇资金匮乏，长期外汇管制也严重阻碍了外国直接投资和外贸的发展。

第二节 应 对 策 略

一、对缅甸投资风险的总体应对

开展缅甸总承包业务，贯彻落实“一带一路”倡议，需要紧抓缅甸的基础设施建设市场、水力发电市场以及电网工程市场，关注清洁能源发展态势，深化区域竞争优势。

首先，在缅甸承包项目前，应充分考虑风险评级机构发布的国别政治风险评级报告以及我驻外使领馆、经商机构提供的信息，对缅甸的政治风险进行评估，预判缅甸的政治风险是否处于可承受的范围。如缅甸 2015 年进行总统选举前，在政治局势不明朗时，先开展项目条件的调研和评估，按阶段实施工作；在缅甸政治局势明朗前可适度控制实质性经济投入。应积极争取双边政府的支持与关注，在条件允许的情况下将项目纳入政府间协议框架，发挥政府协调作用。还可考虑引入缅甸政府、大型跨国企业或当地有影响力的实体作为项目合作方之一，形成利益共同体，充分利用合作伙伴的力量降低政治风险的影响。

其次，在签署有关合同、协议前，要先行落实外资准入、公司架构、税务体系、劳动用工、环保、外汇等方面的法规，以免给项目造成不利影响，避免在项目执行过程中增加施工成本或承担法律责任。

再次，要运用法律保护自己，中缅两国政府已签署投资保护协定，今后还要进一步细化，要认真学习法律，包括缅甸国内的有关法规，同时要用法规规范企业的经营行为和商业行为。

最后，对于安全风险，企业可充分借助中国政府驻外机构的力量，加强与当地使领馆的联系，加强项目驻缅机构与人员安全管理的组织领导，建立预警机制，制定预警方案。当条件允许时，要缅甸政府落实对项目及人员的安保义务，同时适当考虑解决当地人的就业问题，在当地树立良好口碑，加强与当地人民的沟通和联系。另外，还可通过购买保险比如工程一切险和人身意外伤害保险等方式控制和转移安全风险。

二、电力法律层面风险的应对

对缅甸进行电力投资还存在一定风险。首先，政治不稳定因素较多，缅甸国内的政治前景不确定性较高，民族分离势力造成社会稳定性较差，可能对投资产生一定的负面影响。其次，对缅甸进行电力投资存在一定的法律风险。根据缅甸《电力法》的规定，电力投资活动必须符合相关法律法规的规定，否则将承担相应的法律责任。

为避免相关领域的风险，对缅电力投资活动应采取以下防范措施。

1. 依法获得电力业务审批

根据《电力法》规定，发电能力在 30MW 以上的大型电力项目的勘测、建设、发电、输配电、销售和交换业务应获得相关部门审批。《电力法》规定，大型电力项目的勘测、建设、发电、输配电、销售和交换业务应依法向电力部及其他相关部门提出核准申请，提交申请资料，取得电力部的审批，否则将被责令停止项目实施，并提请或者移交有关机关依法追究有关责任人的法律和行政责任。

2. 依法获得电力开发许可证

缅甸《电力法》规定，发电能力在 30MW 以上的大型电力项目应依法向相关机构提出申请，由电力部及其他相关部委、相关省、邦政府和相关自治省、区领导机构颁发开发许可证。大型发电、输配电项目未获得颁发开发许可证即从事电力业务工作，将被处以 10 万～50 万缅币的罚款；如若再次违反规定将构成犯罪，将判处有期徒刑不超过 1 年并收取罚款。

《电力法》还规定，未与国家电网相连的、发电能力在 10MW 以下的小型电力项目和发电能力在 10～30MW 之间的中型电力项目应依法向相关机构提出申请，获得开发许可证，否则投资者将被处以 10 万～50 万缅币的罚款；如若再次违反规定将构成犯罪，将判处有期徒刑并收取罚款。

3. 依法获得或转让电力经营许可证

国内外投资者在缅甸国内开发发电能力在 30MW 以上的大型发电、输配电项目时，应向有权颁发电力经营许可证的机构提出申请。有权颁发的部委在获得联邦政府的同意之后，方可向有意开发联邦政府批准管理的大型电力项目的国内外投资者颁发经营许可证。任何经营许可权获得者如从事许可项目之外的电力业务工作将处以 10 万～50 万缅币的罚款；如若再次违反规定构成犯罪，将判处 1 年以上 3 年以内有期徒刑并收取罚款。

获得经营许可权的机构如欲与其他组织合作、转让，或者欲将整个项目或项目的部分销售、抵押、租赁、交换、赠与其他组织时，应根据规定向颁发经营许可权机构提出申请。颁发经营许可权机构经过审核后，可做出同意或否定的决定。如获得经营许可权的机构违规，将就造成损失的承担法律责任，根据规定缴纳罚款，或者在一定期限内暂停或者废除许可权。

4. 根据规定开展相关电力业务

在缅甸获得经营许可权的机构应依据法律规定开展电力勘测工作。在发电及输配电过程中，获得经营许可权的机构应依据电力开发许可权开展发电工作，根据规定有序安装、维护、使用电力测绘仪器及防护设施。获得经营许可权的机构违规造成损失的将承担法律责任。

获得经营许可权的机构开展电力设备的进口、生产、销售业务时，应遵守《电力法》规章制定的电力设备质量及标准规范，向缅甸国家部委提出申请，通过相关法律法规、技术标准、操作规程的审核，并符合质量要求后，由首席检查长颁发电力设备质量的合格证。如未获得质量合格证即从事相关业务，获得经营许可权的机构需就造成损失承担法律责任。

三、工程承包层面风险的应对

在工程承包方面，建议充分挖掘市场潜力，与当地构建良好的合作关系，避免恶性竞争，做好风险防范工作。

近年来，缅甸政府努力推行市场导向的经济改革，在坚持继续发展农业的基础上，大力发展基础工业，兴修水利工程，加大交通设施建设投入，合理开采石油矿产资源，经济社会发展有了较大起色，也给承包工程市场带来巨大商机。近年来，中资企业在缅甸的工程承包合作顺利发展，由于缅方资金困难，近年来采用“EPC+F”的模式较多，中资企业相继中标了电站、火车站、房地产、通信设施以及输变电项目等工程建设。随着西方国家逐步解除对缅甸经济制裁，来自世界各国的企业纷纷进入缅甸市场，中资企业面临更加激烈的竞争。中资企业应利用自身优势，继续挖掘缅甸市场潜力，推动中缅经贸合作向纵深发展。

建立中缅良好的合作关系，避免恶性竞争。与缅甸政府部门以及当地有实力、有影响的企业建立良好的合作与互信关系，可以帮助企业更加有效地开拓市场，并在项目实施过程中，获得对方的支持与配合，增强企业在缅甸承包工程市场上的竞争力。此外，在缅甸应严格执行项目备案制度，从大局出发，坚持互利合作，避免恶性竞争，树立中国品牌，实现中资企业在缅甸承包工程市场上共赢。

四、合同层面风险的应对

首先鉴于电力工程工期长、建设和运营流程众多的特点，要重视合同内容的管理，符合缅甸当地的各项法律法规，做到表述严谨，针对特殊情况加以说明，参考当地相关合同范本拟订合同内容，使合同条款清晰且详细。

其次要健全合同管理制度，使合同具有规范性，确保合同顺利实施。完善的合同管理体系，需要相关单位加大对合同的重视程度，避免合同引起纠纷。健全合同管理制度，要关注合同进度审批问题，对合同的权责问题加以明确，并在制度支持下对合同进行管理。确立合同管理制度，明确管理责任人，能够提升合同管理能力，确保合同内容与管理效果。

最后电力建设工程较为复杂且工期长，过程中有很多不可控因素，需要针对风险进行转移。

五、用工层面风险的应对

首先，缅甸由于受英国长期殖民统治，工会力量很强，工人也有较强的维权意识，当地政府也对中资项目监察较为严格，因此长期雇佣的工人要与其签订劳动合同，规定好双方的权利和义务，避免发生劳务纠纷。入境需办理商务签证和通行证。通常企业需将申报信息报送给缅甸政府，由政府层层审批后，由国防部将通行证下发至缅甸相关部门并安排人员清关。近几年缅甸形势发生变化，缅甸海关对中资项目人员监察越来越严格，每年不定期检查若干次中国工人签证及通行证情况，发现签证过期或以旅游签证进入缅甸的均予以罚款直至遣返，因此一定要设专人管理中国工人的签证办理和维护工作。

由于缅甸法律规定对违法犯罪行为处以重罚，劳务人员到缅甸工作之前，首先应对缅甸的法律法规有所了解，严格遵守当地法律法规，尊重缅甸人民及其风俗习惯，以免行为不当带来麻烦。

六、税务层面风险的应对

首先，规模大的投资企业应争取签订有缅甸政府部门见证的权利义务协议，保护投资利益和已享受的税收优惠条件，同时在协议中明确税收稳定条款，避免因缅甸税收法律政策的变化影响现有的税收优惠条件。

其次，设置专职税务管理人员，建立与大企业税务局的直接沟通渠道。缅甸大企业税务局根据税收政策、税务征缴和稽核等职能，设立了多个部门，中国企业应考虑聘用专职的税务管理人员，加强日常的沟通和联系，尤其是新颁布的税收法规，应及时沟通澄清。同时企业财务总监、财务经理和税收管理人员，应分别建立与税务局长、部门负责人和具体税收官员的沟通联系渠道。

再次，与缅甸本地有实力的事务所建立长期的业务合作，及时取得新颁布的税收法规，吃透法律精神，做到既能合理税收筹划，又能依法纳税。

最后，督促政府有关部门推进双边税收协定的签署，合法享受税收利益。税收协定可以避免股东分红或股东利息被重复征税，同时，根据缅甸投资法，外国投资企业可以享受三至七年的免税优惠。如果协定中加入税收饶让条款，中国企业可以合法享受到缅甸法律给予的税收优惠，避免在我国补缴税款。

七、外汇层面风险的应对

中国企业赴缅投资，应密切关注缅甸经济形势走向，了解最新的缅甸财税外汇法律制度的变动，尽量规避相关法律风险。对于汇率变化的风险，只要中资企业审慎合理决策，是能够有效防控的。在经济评估阶段，应就通货膨胀和汇率变化对项目成本的影响程度进行分析，如采取在国内融资，主要物资设备在国内采购，由国内施工企业建设，在国内支付分包商工程款和设备材料费等措施。同时，尽量避免项目收入以缅币结算，争取采用美元或欧元结算。即便最终以缅币结算，也应坚持以硬通货币计价为前提，同时约定结算时采用即时汇率，以规避汇率风险。企业应尽可能争取融资、项目建设支出结算采用同一种货币，或根据各项目合约具体情况研究确定最佳资金组合和支付手段，有效降低汇率风险。另外，还可采用远期结售汇、汇率掉期等工具规避、减轻汇率风险。

参 考 文 献

[1] 李晨阳，张添. 被炒作的中缅经济走廊建设中的“债务陷阱”[J]. 世界知识，2019（08）：73.

[2] 刘伟，侯立娟，王亚舒. 缅甸天然气市场展望及中国企业投资合作建议［J］. 国际石油经济，2019，27（08）：90－98.

[3] 刘祎，宋涛，孙曼. 缅甸的地缘环境演化及中缅合作启示［J］. 世界地理研究，2019，28（02）：124－132.

[4] 宋海燕. “一带一路”背景下的缅甸投资环境研究［D］. 山西临汾，山西师范大学，2017.

[5] 孔志坚. 浅析缅甸电力工业发展的现状及前景［J］. 东南亚，2006（03）：15－21.

[6] 赵二平. 缅甸瑞丽江一级水电站岔管联合水压试验研究［D］. 郑州，郑州大学，2017.

[7] 屈红岗. 境外水电投资建设项目界面管理浅析［J］. 湖南水利水电，2013（06）：87－90.

[8] 陈齐. 缅甸建设工程项目招投标现状与风险分析［J］. 水利水电施工，2014（02）：118－121.

[9] 李勇. 在缅中国企业税收风险防范［J］. 中国总会计师，2018（09）：105－106.

[10] 郭丽芳，王松江. “一带一路”下我国企业在缅甸投资 PPP 项目的政策法律问题研究［J］. 项目管理技术，2019，17（08）：33－38.

[11] 黄靖难. 中国企业对缅甸投资现状研究［D］. 广州，暨南大学，2018.

[12] 徐琼辉. 缅甸水电水利工程投资概（估）算的编制［J］. 水利水电工程造价，2013（4）：31－32.

[13] 聂飞. 中国企业对缅甸电力基础设施直接投资的风险研究［D］. 南宁，广西大学，2018.

[14] 彭丽颖，邓起杰，祝湘辉. 缅甸：2018 年回顾与 2019 年展望［J］. 东南亚纵横，2019（01）：43－51.

[15] 冯汝连. 建筑工程合同管理及其风险防范措施分析［J］. 企业科技与发展，2019（09）：269－270.

[16] 商务部国际贸易经济合作研究院，中国驻缅甸大使馆经济商务处，商务部对外投资和经济合作司. 对外投资合作国别（地区）指南—缅甸（2019 年版）［EB/OL］. http://fec.mofcom.gov.cn/article/gbdqzn/index.shtml#